中华文化风采录

绝美自然风景

壮美的五岳

刘晓丽 编著

北方妇女儿童出版社
·长春·

版权所有　侵权必究

图书在版编目(CIP)数据

壮美的五岳 / 刘晓丽编著. —长春：北方妇女儿童出版社，2017.1（2022.8重印）
（绝美自然风景）
ISBN 978-7-5585-0827-1

Ⅰ．①壮… Ⅱ．①刘… Ⅲ．①五岳—介绍 Ⅳ．①K928.3

中国版本图书馆CIP数据核字(2017)第007816号

壮美的五岳
ZHUANGMEI DE WUYUE

出 版 人	师晓晖
责任编辑	吴　桐
开　　本	700mm×1000mm　1/16
印　　张	6
字　　数	85千字
版　　次	2017年1月第1版
印　　次	2022年8月第3次印刷
印　　刷	永清县晔盛亚胶印有限公司
出　　版	北方妇女儿童出版社
发　　行	北方妇女儿童出版社
地　　址	长春市福祉大路5788号
电　　话	总编办：0431-81629600
定　　价	36.00元

序言

习近平总书记说:"提高国家文化软实力,要努力展示中华文化独特魅力。在5000多年文明发展进程中,中华民族创造了博大精深的灿烂文化,要使中华民族最基本的文化基因与当代文化相适应、与现代社会相协调,以人们喜闻乐见、具有广泛参与性的方式推广开来,把跨越时空、超越国度、富有永恒魅力、具有当代价值的文化精神弘扬起来,把继承传统优秀文化又弘扬时代精神、立足本国又面向世界的当代中国文化创新成果传播出去。"

为此,党和政府十分重视优秀的先进的文化建设,特别是随着经济的腾飞,提出了中华文化伟大复兴的号召。当然,要实现中华文化伟大复兴,首先要站在传统文化前沿,薪火相传,一脉相承,弘扬和发展5000多年来优秀的、光明的、先进的、科学的、文明的和自豪的文化,融合古今中外一切文化精华,构建具有中国特色的现代民族文化,向世界和未来展示中华民族具有独特魅力的文化风采。

中华文化就是中华民族及其祖先所创造的、为中华民族世世代代所继承发展的、具有鲜明民族特色而内涵博大精深的优良传统文化,历史十分悠久,流传非常广泛,在世界上拥有巨大的影响力,是世界上唯一绵延不绝而从没中断的古老文化,并始终充满了生机与活力。

浩浩历史长河,熊熊文明薪火,中华文化源远流长,滚滚黄河、滔滔长江是最直接的源头,这两大文化浪涛经过千百年冲刷洗礼和不断交流、融合以及沉淀,最终形成了求同存异、兼收并蓄的辉煌灿烂的中华文明。

中华文化曾是东方文化的摇篮,也是推动整个世界始终发展的动力。早在500年前,中华文化催生了欧洲文艺复兴运动和地理大发现。在200年前,中华文化推动了欧洲启蒙运动和现代思想。中国四大发明先后传到西方,对于促进西方工业社会形成和发展曾起到了重要作用。中国文化最具博大性和包容性,所以世界各国都已经掀起中国文化热。

中华文化的力量,已经深深熔铸到我们的生命力、创造力和凝聚力中,是我们民族的基因。中华民族的精神,也已深深根植于绵延数千年的优秀文

序 言

化传统之中，是我们的精神家园。但是，当我们为中华文化而自豪时，也要正视其在近代衰微的历史。相对于5000年的灿烂文化来说，这仅仅是短暂的低潮，是喷薄前的力量积聚。

中国文化博大精深，是中华各族人民5000多年来创造、传承下来的物质文明和精神文明的总和，其内容包罗万象，浩若星汉，具有很强的文化纵深感，蕴含丰富的宝藏。传承和弘扬优秀民族文化传统，保护民族文化遗产，已经受到社会各界重视。这不但对中华民族复兴大业具有深远意义，而且对人类文化多样性保护也有重要贡献。

特别是我国经过伟大的改革开放，已经开始崛起与复兴。但文化是立国之根，大国崛起最终体现在文化的繁荣发展上。特别是当今我国走大国和平崛起之路的过程，必然也是我国文化实现伟大复兴的过程。随着中国文化的软实力增强，能够有力加快我们融入世界的步伐，推动我们为人类进步做出更大贡献。

为此，在有关部门和专家指导下，我们搜集、整理了大量古今资料和最新研究成果，特别编撰了本套图书。主要包括传统建筑艺术、千秋圣殿奇观、历来古景风采、古老历史遗产、昔日瑰宝工艺、绝美自然风景、丰富民俗文化、美好生活品质、国粹书画魅力、浩瀚经典宝库等，充分显示了中华民族厚重的文化底蕴和强大的民族凝聚力，具有极强的系统性、广博性和规模性。

本套图书全景展现，包罗万象；故事讲述，语言通俗；图文并茂，形象直观；古风古雅，格调温馨，具有很强的可读性、欣赏性和知识性，能够让广大读者全面触摸和感受中国文化的内涵与魅力，增强民族自尊心和文化自豪感，并能很好地继承和弘扬中国文化，创造未来中国特色的先进民族文化，引领中华民族走向伟大复兴，在未来世界的舞台上，在中华复兴的绚丽之梦里，展现出龙飞凤舞的独特魅力。

目录

五岳之首——东岳泰山

　　黄飞虎赶山演变成泰山　002

　　奇秀天下的风景名胜　015

奇险天下——西岳华山

032　西岳华山的历史沿革

塞北之尊——北岳恒山

042　盘古右臂衍化而成恒山

047　绝塞名山揽恒山胜景

目录

湘南之秀——南岳衡山

衡山和祝融峰的民间传说 060

层峦叠翠的南岳七十二峰 065

天地之中——中岳嵩山

因山高镇守中原而得名 078

弥足珍贵的中岳汉三阙 085

五岳之首 东岳泰山

　　泰山绵亘于山东中部泰安，气势磅礴，拔地通天。东西长约200千米，南北宽约50千米，方圆426平方千米，海拔约1500米。泰山古称岱山、岱宗，春秋时改称泰山。

　　泰山被尊为五岳名山之首，自然景观雄伟奇绝，峻极天下，尤其是南坡，山势陡峻，主峰突兀，山峦叠起，气势非凡。

　　泰山经过数千年精神文化渲染和人文景观烘托，被历代称为"五岳独尊，天下第一山"，在我国历史文化中享有很高地位，被誉为中华民族精神文化的缩影。1987年，泰山以自然遗产、文化遗产双重身份进入"世界遗产名录"。

黄飞虎赶山演变成泰山

在很久以前,有一座风光秀丽、草木茂盛的无名山。不知什么时候,有一只修炼万年的白虎悄悄地占据了这座山。

这只白虎一不伤人,二不欺兽,它每日仰卧山间闭目养神,只是在正当午时才径直到河边去饮水。看见白虎出没的人多了,就把这座无名山叫作白虎山。

有一天夜里,电闪雷鸣,大雨倾盆,东海有一条青龙因触犯龙宫

■ 泰山景观

■ 泰山风光

清规，驾着雷雨逃到白虎山对面的山冈上安下了家。这条青龙日隐夜现，鳞光四射，青烟缭绕，惊动了四乡村民，后来人们便叫它青龙山。

青龙、白虎二山遥遥相望，互不服气，对峙不下。白虎山长高一寸，青龙山便长长一尺。天长日久，白虎山高青龙山长。眼看两座山下的村庄就要被这两座山封住了，如果人们被隔绝了，那么山里人家就没了生路。

这天，土地神外出查看，发现龙虎相斗，危及百姓，便亲自到天庭禀告玉皇大帝。玉皇大帝闻听后，立即唤来东岳泰山神黄飞虎，让他马上下凡去制止白虎与青龙。

黄飞虎手持赶山鞭，来到汶水边儿上，他一鞭打断了白虎腿，一鞭抽瞎了青龙眼，镇住了青龙白虎，并用鞭画地为界，留下了一条小溪。

清规 佛教规定的僧尼必须遵守的规则。始于唐代百丈山怀海创立的"禅门清规"，世人称为《百丈清规》。"禅门清规"规定：尊"长老"为化主，处之"方丈"；不建佛殿，只树"法堂"，学众尽居"僧堂"，依受戒年次安排；长老上堂，徒众侧立，宾主问答，激扬宗要等。

■ 泰山上的古松

泰山神爱民如子，救了四乡百姓。人们为了感谢泰山神，纷纷捐钱捐物，修盖庙宇，塑像立尊，并在每年的正月十五焚香烧纸，朝拜泰山神，称这座庙为泰山庙。后来这座山也被人们称作泰山了。

泰山又名岱山、岱宗、岱岳、东岳、泰岳。远古时始称火山、太山。"大"在甲骨文与金文中均见其形，读音为"太"。且"太山"意为"大山"，在先秦古文中，"大"与"太"通用。后来，明代文人朱谋玮编撰的解释双音词的训诂书《骈雅训纂·释名称》说：

> 古人太字多不加点，如大极、大初、大室、大庙、大学之类，后人加点以别大小之大，遂分为二矣。

按古文字的传统读法，"大"亦有"大""太""代"3音。在春秋战国时，由于同音字的引申和同义字的演变，"太"与"泰"，"代"与"岱"，"岱"与"岳"也互相变通了，这样相继出现了"泰山""岱山""岱宗""岱岳"等专用名称。

甲骨文 是我国发现的古代文字中时代最早、体系较为完整的文字。有时候也被认为是汉字的书体之一，也是现存中国最古老的一种成熟文字。甲骨文又称契文、龟甲文或龟甲兽骨文。甲骨文为一种很重要的古汉字资料。绝大部分甲骨文发现于殷墟。殷墟是著名的殷商时代遗址。

"泰山"名称最早见于《诗经》。"泰"意为极大、通畅、安宁。汉代经学家刘向编撰的《五经通义》指出：

> 宗，长也，言为群岳之长。易姓而王，致太平，必封泰山，禅梁父，天命以为王……

金文 是指铸刻在殷周青铜器上的铭文，也叫钟鼎文。因为周以前把铜也叫金，所以铜器上的铭文就叫作"金文"或"吉金文字"。又因为这类铜器以钟鼎上的字数最多，所以过去又叫作"钟鼎文"。

从此，泰山名字传扬天下。易经的《易·说卦》里有"履而泰，然后安"的说法。"泰"字就由原来的高大、通畅之意引申为"大而稳，稳而安"。随即出现了"稳如泰山""国泰民安""泰山鸿毛"之说。

其实，泰山形成的历史久远，历经漫长的太古代至新生代各个地质时代的演变过程。地质断裂活动使它隆起，与广袤的华北大平原形成了强烈对比。

■ 泰山岱顶风光

■ 泰山上的泉水

在久远的地质变迁中,泰山南部受断裂影响,上升幅度大,基层在上升风化过程中,异峰突起,陡峭峻拔,露出大片基底杂岩。北部上升幅度小,岭低坡缓,谷宽沟浅,保存有典型的古生代盖层。

泰山地貌分为冲洪积台地、剥蚀堆积丘陵、构造剥蚀低山和侵蚀构造中低山四大类型。在空间形象上,由低而高,造成层峦叠嶂、凌空高耸的巍峨之势,形成了由多种地形群体组合成的地貌景观。

泰山上的杂岩已有20多亿年历史,是世界上最古老的岩石之一,对研究我国东部元古代地质构造、岩浆活动及板块构造,具有重要的科学价值。

泰山西北麓张夏、崮山、炒米店一带的灰岩和砂页岩发育得具有典型性,是北方寒武系地层的标准剖面,是古生物许多种属的命名地或模式标本原产地。后来在山前中溪发现的辉绿玢岩脉圆柱节理,就引起了地质学界的重视。

泰山形成于太古代,因受来自西南和东北两方面的挤压力,褶皱隆起,经深度变质形成了我国最古老的地层,那就是泰山群。后因地壳变动,被多组断裂分割,形成块状山体,后来每年以0.5毫米的速度继续增高。

在泰山南部,太古界岩层上裂隙泉分布很广,从岱顶至山麓,泉溪争流,山高水长,泉水清洌,无色透明,含有人体所需的多种微量元素,是优质的矿泉水,古称"泰山神水"。

在泰山北部，中上寒武系和奥陶系石灰岩岩层向北倾斜，地下水在地形受切割处显露出泉水。从锦绣川向北，泉水汩汩，星罗棋布。

北麓丘陵边缘地带，岩溶水向北潜流，受地层区辉长岩的堵截，纷纷涌露，使古城济南成为"家家泉水，户户杨柳"的泉城。

温带季风性气候使泰山的气温和降水量具有明显的垂直变化：山顶年均气温5.3℃，比山麓泰安城低7.5℃；山顶年均降水量1100多毫米，相当于山下的1.5倍。山下四季分明，山上春秋相连。泰山冬季较长，形成雾凇、雨凇奇观。夏秋之际，云雨变幻，群峰如黛，林茂泉飞，气象万千。

泰山植被茂密，种类繁多，垂直分布。从山麓拾级而上，可依次见到落叶林、阔叶针叶混交林、针叶林、高山灌木丛，林带界线分明，植物景观各异。

资源丰富的泰山区域，有煤、铁、岩盐、石膏、硫黄、蛇纹石、碧玉等矿藏，泰山板栗、核桃、肥桃、汶香附、鹿角菜、泰山灵芝、白首乌、泰山赤鳞鱼等土特产，驰名中外。

泰山孔庙全景

■ 泰山崖壁上的石刻

泰山东部临海，西靠黄河，俯瞰曲阜，凌驾于齐鲁大地，几千年来一直是东方政治、经济、文化的重点区域。在中华民族几千年的文化历史长河中，气势磅礴的泰山，与长城、长江、黄河齐肩。

泰山独有的地理位置和气候特点，为岱顶创造了旭日东升、晚霞夕照、泰山佛光、黄河金带四大奇观。

泰山日出是最壮观而动人心弦的，是岱顶奇观之一，也是泰山的重要标志。随着旭日发出的第一缕曙光撕破黎明前的黑暗，从而使东方天幕由漆黑而逐渐转为鱼肚白、红色，直至耀眼的金黄，喷射出万道霞光。最后，一轮火球跃出水面，腾空而起。

整个过程就像一个技艺高超的魔术师，在瞬息间变幻出千万种多姿多彩的画面，令人叹为观止。岱顶观日出历来为人们所向往，也使许多文人墨客为之高歌。

晚霞夕照更是泰山一绝。泰山日落之时，气象万千。特别是雨过天晴、天高气爽、夕阳西下的时候，在泰山极顶，仰望西天，朵朵残云如峰似峦，道道金光穿云破雾，直泻人间。

在夕阳映照下，云峰之上镶嵌着一层金灿灿的亮边，闪烁着奇珍异宝般的光辉。正如有诗道：

谁持彩笔染长空，几处深黄几处红。

还有诗赞美：

清泉泻万仞，落日御千峰。

泰山佛光也是岱顶奇观之一。每当云雾弥漫的清晨或傍晚，若站在泰山上顺光而视，就可能看到缥缈的雾幕上，呈现出一个内蓝外红的彩色光环，将整个人影或头影映在里面，恰似佛像头上五彩斑斓的光环，故得名"佛光"或"宝光"。

泰山佛光是一种光的衍射现象，它的出现是有条件的。据记载，泰山佛光大多出现在6月至8月中的半

佛像 是佛陀塑像的简称，由于形象皆以释尊为主体，所以佛像有32相、80种好的理想特征，各尊佛像的形体、容貌和姿仪皆祥和、宁静、端详、庄严。佛像是造像数量最多的一类。包括释迦牟尼佛、强巴佛、无量寿佛等，他们的造像显得亲切、庄严、优美。

泰山石刻

> **袁枚**（1716年~1797年），清代诗人、散文家。字子才，号简斋，晚年自号仓山居士、随园主人、随园老人。袁枚是乾嘉时期代表诗人之一，与赵翼、蒋士铨合称"乾隆三大家"。代表作品有《小仓山房集》《子不语》《随园诗话》和《祭妹文》等。

■ 泰山石

晴半雾的天气里，而且必须是太阳斜照之时。

黄河金带是泰山又一奇观。当夕阳西下时，举目北眺，在泰山西北，层层峰峦的尽头，可看到黄河像一条金色的带子闪闪发光。河水之光反射到天空，形成蜃景，波光粼粼，黄白相间，如同金银铺就一般，从西南至东北，一直伸向天地交界处。

朵朵残云飘浮在天际，落日的余晖如一道道金光穿过云朵洒满山间。太阳像一个巨大玉盘，由白变黄，越来越大。天空如缎似锦，待到夕阳沉入云底，霞光变成一片火红，天际云朵，山峰好像在燃烧，天是红的，山是红的，云是红的，大地也是红的。

举目远眺，黄河像一条飘带，弯弯曲曲从天际飘来，在落日映照下，白色缎带般的黄河泛起红晕，波光翻滚，给人以动的幻觉。

太阳慢慢靠向黄河，彩带般的黄河像是系在太阳

泰山美景

上,在绛紫色的天边飞舞。恰如清代诗人袁枚在《登泰山诗》中所描绘的:

一条黄水似衣带,穿破世间通银河。

看到黄河金带,人们就会想到泰山美丽的腰玉,还有腰玉由来的传说。

在很久以前,泰山东侧的柴草河畔,住着一个名叫刘栓的青年,他从小父母双亡,独自一人,孤苦伶仃,专靠打柴为生。

刘栓经常到大直沟去砍柴,他经常在沟内桑树下休息。有一天,有一片桑叶飘飘悠悠地落在他手上,他仔细一看,桑叶上还粘着一摊蚕籽儿。刘栓觉得扔掉可惜,就小心地把桑叶揣到怀里,担着柴火回了家。

刘栓带回桑叶,几天后那片桑叶上便爬满了蚕宝宝。从此,刘栓每天都要采回一些鲜嫩的桑叶,精心喂养蚕宝宝。刘栓盼着这些蚕早作茧,好卖了换件衣裳。

■ 泰山"腰玉"

罗裙 指丝罗制的裙子，多泛指妇女衣裙。丝蚕吐出的像线的东西，是织绸缎等的原料。缫丝织绸是我国人民的伟大创造，早在4700多年前就有了丝织品。罗是一种较为轻薄透孔的丝织物，其外表特点是稀疏、有空隙，并有皱感。

有一天，刘栓回到家，见蚕儿全不见了，只剩下一地鸟屎。忽然，刘栓发现一个白胖胖的大蚕儿钻在苇席底下，便赶紧把它捧在手里，那蚕儿不住地摆头，好像难过地诉说刚才的遭遇。刘栓轻轻地把蚕放进筐箩，又铺上厚厚的一层桑叶。

没多久，蚕儿做了一个雪白雪白的茧儿，足有鹅蛋大。刘栓捧着茧儿，舍不得放下，上山砍柴把它揣在怀里，晚上睡觉把它放在枕边，简直寸步不离。

一天夜里，刘栓睡得迷迷糊糊，见那茧儿忽悠悠地飘了起来，飘到天上，竟然变成了一朵白云。一位身穿白罗裙的姑娘，从云头飘下，笑盈盈地走上前来说："刘栓呀！你为何留着茧儿不缫丝呢？"

刘栓醒来，赶紧支起锅，添上水，将茧儿放入水中，只见茧儿越长越大，一眨眼就长满了锅。他急忙找了几根木棍做了个缫车，抽出丝头，一口气缠了七七四十九个丝团,锅里的茧子仍一点不见小。

从此,刘栓夜晚缫丝,白天换回绸缎,日久天长,丝绸店的掌柜觉得蹊跷:一个穷打柴的,哪来这么多蚕丝呢?

一天晚上,丝绸店掌柜悄悄溜到刘栓窗下,伸头向屋里一瞧,见刘栓正忙着缫丝,屋里堆满了雪白的丝团,可是锅里却只有一个茧子。

掌柜这才知道,原来刘栓只有一个宝茧。

丝绸店掌柜想要抢走这个宝茧,等刘栓睡着后,他便去偷宝茧,怕走漏风声,就放火把刘栓的草房点着了。丝绸掌柜带着宝茧就逃,刚跑出草房却怎么也跑不动了。

他低头一看,自己的两腿被无数缕蚕丝牢牢地缠住了,而且越缠越紧。一会儿,丝绸掌柜变成了一个蛹子,一群老鸹飞来,一口口把他啄食了。

乡亲们见刘栓的草房着了火,都提着水桶前来救助。大火扑灭了,人们却不见刘栓的踪影,只见草房上空升起了白茫茫的云团,人们见刘栓正和一位白

> **草房** 是用黄土和自然生长出来的稻草建造出来的房子。也可以说是用泥和草制成的"土砖"而修建出来的房子。土砖的制造过程叫作"打坯"或"脱坯"。一般是选择平整向阳而且取土取水方便的地方作坯场,坯土要求有一定的黏性,草则以细长柔软者为好,用时用铡刀切成短段,再修建房屋。

■泰山云海

泰山风光

衣姑娘坐在云头，不断地缫丝，他们缫出来的缕缕银丝在天上轻轻飘动，渐渐变成了一条长长的飘带。

这条玉白色的飘带，绕着泰山山腰不断地伸展开来。后来，人们给它起了一个美丽的名字叫泰山腰玉。

泰山风景尤以壮丽著称。累叠的山势，厚重的形体，苍松巨石的烘托，云烟岚光的变化，使它在雄浑中兼有明丽，静穆中透着神奇，成为我国山水名胜的集大成者。

阅读链接

传说在很早很早以前，有一个叫盘古的人生长在天地之间，天空每日升高一丈，大地每日增厚一丈，盘古也每日长高一丈。如此日复一日，年复一年，他就这样顶天立地生活着。

经过了1.8万年，天极高，地极厚，盘古也长得极高，他呼吸的气化作了风，他呼吸的声音化作了雷鸣，他的眼睛一眨一眨地化作了闪电。

后来盘古溘然长逝，刹那间巨人倒地，他的头变成了东岳，腹变成了中岳，左臂变成了南岳，右臂变成了北岳，两脚变成了西岳……

因为盘古开天辟地，造就了世界，后人尊其为人类祖先，而他的头部变成了泰山。所以，泰山就被称为至高无上的"天下第一山"，成了五岳之首。

奇秀天下的风景名胜

东威沧海、西镇大河的泰山，有拔地通天之势和擎天捧日之姿。巍峨、雄浑、古老、神奇的风光令世人慨叹。传说汉武帝登临泰山时曾发出肺腑的最强音：

这是一个东方大国的国山啊！高矣！极矣！大矣！壮矣！赫矣！骇矣！惑矣！

泰山玉皇顶

社首山 泰山的附属神山，遗址位于泰安城西南隅，与蒿里山相连。古代帝王在泰山封禅时，多于社首山设坛祭祀后土，而在泰山顶设坛祭祀昊天上帝。我国历代帝王封泰山禅社首或蒿里山的，有周成王、汉武帝、唐高宗、唐玄宗、宋真宗等。

汉武帝作为一位声名显赫、功业卓著、不可一世的汉代君王，他8次来泰山，如此动情，如此感慨，虽然情中交织着迷惑不解，但他那强烈的倾情赞叹和崇敬之意，让人如临其境，如观其山，如见其人，如闻其声。

泰山主峰玉皇顶，海拔1500米。风景名胜以泰山主峰为中心，呈放射状分布，由自然景观与人文景观融合而成。

星罗棋布的人文景观，重点从泰安城西南祭地的社首山、蒿里山到祭天的玉皇顶，形成了"地府""人间""天堂"三重空间。

岱庙是泰安城中轴线上的主体建筑，前连通天街，后接盘道，山城一体。由此步步登高，渐入佳境，引导人们由人间进入天庭仙界。

进入泰山风景区，冠盖华夏的风景名胜连绵不

■ 泰山玉皇顶

断，这里有山峰156座，崖岭138座，名洞72处，奇石72块，溪谷130条，瀑潭64处，名泉72眼，古树名木万余棵，寺庙58座，古遗址128处，碑碣1239通，摩崖石刻1277处。主要分布在岱阳、岱顶、岱阴及灵岩。

泰山景区分幽、旷、妙、奥、麓5区。山水相映，古刹幽深，绿荫环绕，一步一景，令人目不暇接。

中路幽区是最富盛名的登山线路，自登山盘路的起点一天门，经中天门至南天门，全长5.5千米，几乎全部为盘路，共有6290级台阶。

沿途风景深幽，峰回路转，古木怪石，鳞次栉比。主要景点包括关帝庙、岱宗坊、一天门、孔子登临处、红门宫、万仙楼、斗母宫、经石峪、壶天阁、中天门、云步桥、五松亭、望人松、对松山、梦仙龛、升仙坊、十八盘等。

关帝庙在一天门坊前路西边，登盘山路处，坐北朝南，原来是祭祀三国时蜀汉名将关羽的。山门外有影壁，门前石狮列峙，古槐蔽荫。

庙东院中有古柏一棵，墙外嵌方碣石碑，题书"汉柏第一"。树干高不足1米，直径达1.1米，三股

■ 泰山一天门

影壁 也称照壁，古称萧墙或屏风墙，是我国传统建筑中用于遮挡视线的墙壁。旧时人们认为自己住宅中，不断有鬼来访。如果是自己祖宗魂魄回家是允许的，如果是孤魂野鬼溜进宅子，就要给家人带来灾祸。如果有影壁，鬼看到自己影子，就会被吓走。

■ 泰山白鹤泉

枝杈扭曲盘旋而上，似龙飞凤舞。

岱宗坊位于岱庙北，是明朝嘉靖年间建的，为一处跨道石坊，登山就由这里起始。这个坊建于台基上，四柱三门式，后来清朝雍正年间重修时，清代光禄大夫丁皂保篆额。坊前有1731年《重修泰山上谕碑》和《重修泰山记碑》，东西相峙。

坊东边原有丰都庙，是1521年前建的，祀丰都大帝，配以冥府十王。坊北边原有三皇庙，祀伏羲、神农、黄帝，配以八蜡神。这里松柏郁郁，奇石林立，溪泉争流。

一天门坊建于明代，从开山第一庙关帝庙拾级而上，至红门宫前，三重石坊，形若阶梯。明代参政龙光题额，1714年巡抚李树德重建，两侧有明代人题"天下奇观"及"盘路起工处"大字碑。

中有孔子登临处坊，后为天阶坊，明嘉靖年间巡案山东监察御史高应芳题楹联：

人间灵应无双境；
天下巍岩第一山。

斗母宫位于岱山阳面的登山盘道东侧，筑在盘道旁深壑绝壁之上，深秀幽雅。宫东边临龙泉峰，有龙泉水自西北山峡绕到宫东注入中溪。

丰都大帝 又称"酆都北阴大帝"，是道教阴府的最高神灵。酆都大帝信仰起源较早，在《山海经》中就有鬼国记载，称度朔山上有大桃木，出幡三千里，其枝间东门叫鬼门，为万鬼出入的地方，门上有二神人，一叫神荼，一叫郁垒，主阅领万鬼。

壶天阁位于斗母宫北，是一座跨路阁楼式建筑，始建于明代，原名升仙阁，清乾隆12年拓建后改为壶天阁。

门洞上双柏横生，盘结向上，奇伟壮观。清嘉庆年间诗人崔映辰题联：

壶天日月开灵境；
盘路风云入翠微。

还有清嘉庆年间泰安知府廷璐在阁上题联：

登此山一半已是壶天；
造极顶千重尚多福地。

"泰山最险处，首推十八盘"，从对松山谷底至岱顶南天门的一

泰山壶天阁

狂草 属于草书最放纵的一种，笔势相连而圆转，字形狂放多变，在今草的基础上将点画连绵书写，形成"一笔书"，在章法上与今草一脉相承。我国狂草的成就，是唐代书法高峰的另一方面的表现。代表人物是张旭和怀素，张旭史称"草圣"。

段盘路，叫摩天云梯，俗称十八盘，全程1000多米，石阶1594级，垂直高度400米。盘道全用泰山片麻岩修砌。

十八盘为清乾隆末年改建盘道时所开辟，是登泰山盘路中最险要的一段，为泰山的主要标志。这里两山崖壁如削，陡峭的盘山路镶嵌其中，远远望去，高阜之上，双崖夹道，恰似天门云梯。人们说：

泰山之雄伟，尽在十八盘，
泰山之壮美，尽在攀登中！

开山北为龙门，旧有龙门坊，后来被毁了。西岩有清代道光年间工技师魏祥摹刻的狂草"龙门"大字。坊址东为大龙峪，雨季众水归峡，飞泉若泻。

在新盘口北，只见两山陡立，东为飞龙岩，西为翔凤岭，中有一线天，名石壁谷。谷中上有南天门，下有升仙坊，相连十八盘。

泰山有3个十八盘之说。开山至龙门为"慢十八"，再至升仙坊为"不紧不慢又十八"，又至南天门为"紧十八"，共1630余台阶。

紧十八西崖有巨岩悬空，影似佛头侧枕，高鼻秃顶，慈颜微笑，名迎客佛。十八盘岩层陡立，倾角70至80度，在不足1000米的距离内

■ 泰山十八盘

■ 泰山南天门

升高400米。

南天门恰处于谷口，是泰山古建筑充分利用地理环境，以人工之力突出和美化自然的典范，是泰山的重要标志物。

仰视天门，盘路陡绝，似云梯倒挂。崖石壁谷两侧有"天门长啸""层崖空谷""天门云梯""如登天际"等摩崖石刻，神奇壮观。

西溪旷区是指西溪景区，登泰山西路，自大众桥起有一条盘山公路，可以直达中天门。此外，还有一条登山的盘路，两旁峰峦竞秀、谷深峪长、瀑高潭深、溪流潺潺。

旷区主要的景观有黄溪河、无极庙、元始天尊庙、扇子崖、天胜寨、黑龙潭、长寿桥、白龙池等。

无极庙是泰山上的一个千年古寺，以盛产泉水而著称，这里泉水甘醇清澈，往来络绎不绝的行僧都到

元始天尊 即盘古，也称"盘古大帝"，又名"玉清元始天尊"。在道教之中地位最尊，也是道教神仙中的第一位尊神。他为主持天界之祖，地位虽然高，但出现却比较晚。是公认的道教鼻祖。为道教最高神灵——三清尊神之首。

■ 泰山岱宗坊

这里饮水，泰安当地百姓也纷纷来享用，泉水水量充盈，长年不断。

无极庙由山门、正殿、东西配殿和禅房组成。山门楹联写道：

天台岩下藏五百；
须弥顶上隐三千。

扇子崖位于泰山西溪西侧，奇峰突兀，高耸峻峭，形如扇面。崖上有明朝官吏杨博题刻的摩崖石刻"仙人掌"。

崖西有铁梯，攀援登上崖巅，可北眺龙角山，九女寨历历在目，西望傲徕峰尽收眼底。向东俯视，龙潭水库宛若镶嵌在西溪的一颗璀璨明珠，闪闪发光。

清代诗人孙宝僮有诗道：

摩崖石刻 指文字石刻，即利用天然的石壁刻文记事。它是我国古代的一种石刻艺术，指在山崖石壁上所刻的书法、造像或者岩画。它起源于远古时代的一种记事方式，盛行于北朝时期，直至隋唐以及宋元以后连绵不断。摩崖石刻有着丰富的历史内涵和史料价值。

剑峰怒刺天,积铁拔千仞;
俯临鬼谷幽,旁倚丈人峻。

扇子崖主峰屹立在景区中央,明代举人王无欲曾筑室崖头读书,并出资修建了元始天尊殿、太阳庙、吕祖祠等庙宇。这里地势险要,文物古迹颇多,寺庙林立。

黑龙潭东南有石亭,名西溪亭。清光绪年间泰安知府玉构题联:

龙跃九霄,云腾致雨;
潭深千尺,水不扬波。

潭东北百丈崖上是长寿桥,拱桥跨溪,饰以朱红铁栏,与青山绿水相映,犹如长虹卧波。桥两侧有石

> **知府** 古代官名。宋至清代地方行政区域"府"的最高长官。唐以建都之地为府,以府尹为行政长官。宋升大郡为府,以朝臣充各府长官,称以某官知某府事,简称知府。明以知府为正式官名,为府的行政长官,管辖所属州县。清沿明制不改。知府又尊称太守、府尊,亦称黄堂。

■ 泰山黑龙潭

亭相对，东为云水亭，西为风雷亭。

桥下涧底平缓，溪水潺湲而来，骤然飞落绝涧，似银河倒流，绅带下垂，又名天坤泉。崖边有几条平行白纹横贯东西，俗名阴阳界，近代著名爱国将领冯玉祥曾在这里设栏防护。

桥与栏之间，是广阔石坪，光滑似镜，坐在石上，可以听泉观景，赏心悦目。后来，兖州镇守使张培荣，称其夫人为无极真人，在这里建无极庙，由山门、正殿、东西配殿和禅房组成。

长寿桥建在泰山黑龙潭上，一桥飞架东西，似龙潭横生一道浓眉，与游人传情，如山涧跃出一条彩虹，为龙潭增姿加色。桥身朱红，与两岸青山相映成趣。人行其上，鸟瞰龙潭胜景，纵观西溪豁达秀色，简直美不胜收。

传说张培荣怕老婆怕得出了名，尽管在兵士面

修真 源于道家理论，道教中学道修行，求得真我，去伪存真为"修真"，后又延伸出多种修真门派及修真相关理论。修真方法根据门派不同，所持论调各不相同，每个人的情况又不同，功法亦千变万化。道家修炼，归根结底是要修炼内在的精气神。因此，外在姿式动作，并不重要。

■ 泰山长寿桥

前威风凛凛，但在老婆面前却是俯首帖耳、百依百顺。有一天，他的老婆听说泰山风景优美，许多人都在那里修炼神仙，她也心血来潮，想修道成仙，立地成佛，于是就让丈夫到泰山来征地造庙。

张培荣来到泰山，他见黑龙潭附近，青山四围，绿树成荫，翠竹亭亭，银杏参天，清流夹道，步移影换。上有傲

泰山黑龙潭

徕、芙蓉两峰拔地通天之雄伟，下有龙潭飞瀑细流淙淙之清幽。真乃绝胜佳处，正是修真的好地方。

于是，张培荣决定在这里建庙，尊其夫人为"无极真人"，这座庙便取名"无极庙"。

庙在溪西，出入下山都要过河涉涧，实在不方便，张培荣又在百丈崖上修了一座长桥，为了取悦其夫人，让她成仙，长生不老，便取名为"长寿桥"。

过了十八盘，登上南天门，就进入了泰山妙区，即岱顶。除了深切感受大自然的造化和先人留下的遗迹外，还可真正体会一下"一览众山小"的伟大气魄。

妙区的主要景观有南天门、月观峰、天街、白云洞、摩空阁、玉皇顶、探海石、日观峰、瞻鲁台等。

南天门，又名三天门，位于十八盘尽头，在登山盘道顶端，坐落

■ 泰山南天门

在飞龙岩和凤翔岭之间的山口上。由下仰视，犹如天上宫阙，是登泰山顶的门户。

经过多次翻修，后来的南天门建筑保持了清代风格，门为城楼式建筑，楹联书：

门辟九霄，仰步三天胜迹；
阶崇万级，俯临千嶂奇观。

南天门上覆摩空阁，石栏半围，开阔宽敞，可瞻岱阴诸景。

南天门分上下两层。下层为拱形门洞，条石垒砌，券石起拱，顶铺条石，四周冰盘式出檐。上镶石贴金匾额"南天门"。

摩空阁，两柱五檩五架梁，重梁起架，黄琉璃瓦卷棚，重檐歇山顶。下层檐即在墙壁上部，南向正间开拱形门，两次间各开一窗。门上石匾额"摩空

玉皇大帝 又称"昊天通明宫玉皇大帝""玄穹高上玉皇大帝"，居住在玉清宫。道教认为玉皇为众神之王，神权最大，除统领天、地、人三界神灵之外，还管理宇宙万物的兴隆衰败、吉凶祸福。俗称天公、老天爷等。是我国最大的神祇，为众神之皇。

阁"，白地贴金，红墙衬托，与黄琉璃瓦顶相辉映，巍峨壮观。

玉皇顶是泰山主峰之巅，因峰顶有玉皇庙而得名。玉皇庙始建年代无考，于明成化年间重修。主要建筑有玉皇殿、迎旭亭、望河亭、东西配殿等，殿内祀玉皇大帝铜像。神龛上匾额题"柴望遗风"。远古帝王曾于这里燔柴祭天，望祀山川诸神。

殿前有"极顶石"，标志着泰山的最高点。极顶石西北有"古登封台"碑刻，这里是历代帝王登封泰山时的设坛祭天之处。

玉皇顶位于碧霞祠北，为泰山绝顶，古称太平顶，又名天柱峰。玉皇庙位于玉皇顶上，古称太清宫、玉皇观。东亭可望"旭日东升"，西亭可观"黄河金带"。

探海石又叫拱北石，是泰山著名的标志性景观之一，它像一只报晓的雄鸡，气宇轩昂地伫立于泰山之巅，翘首以待，为世人迎来辉煌的黎明。

关于探海石的来历，还有一段美丽传说呢！原来，中天门有座二虎庙，二虎庙里供奉着黑虎神，虎为百兽之王，它奉碧霞元君之命整

■ 泰山拱北石

天在山上山下巡逻,哪里有百兽作浪或妖孽兴风,它就到哪里去惩治,保卫着泰山的安宁。

泰山之阴为后石坞,此处林木苍郁,花草茂盛,素有奥区之誉。天烛奥区是以后石坞为中心的景区,其特点是峰雄岩壮、怪石嶙峋、古松竞奇、鸟语花香、雄壮奇奥、美不胜收。由妙区泰山极顶去往后山乘索道便可到达。

奥区主要胜景有八仙洞、独足盘、天烛峰、九龙岗、黄花洞、莲花洞、尧观台等。

令人称奇的是大自然的造化,著名的鸳鸯松、卧龙松、飞龙松、姊妹松等如珍珠镶嵌在多姿多彩的石岩上。

天烛峰在九龙岗南崖之上,两座相距不远,隔涧相望,形状近似巨烛的山峰,分别被称为大天烛峰、小天烛峰。

天烛峰在泰山的东北麓,有一条蜿蜒曲折的登山路直达岱顶。沿着这条路,可见天烛峰景区的景致。这里,奇石能言,清泉有声,大小天烛朝天立,悬崖巨壁夹谷而行。

■ 泰山"后石坞"

将军山如大将军披甲,罗汉峰似众罗汉叠立,大自然的神奇造化,令人叹为观止。这里,蓝天高远,大山空旷,松涛阵阵,白云悠悠,是寻古探幽的好去处,只有到这儿来,才能领略到山林野趣的真谛。

小天烛峰的一柱状孤峰从谷底霍然拔起,直插云霄,高耸似烛,因峰端遍生的劲松宛若烛焰燃烧,又称"烛焰

泰山"天烛峰"

松"。小天烛峰以东还有一座柱状山峰，比小天烛峰雄浑粗壮一些，是为大天烛峰。

大、小天烛峰附近是泰山欣赏古松的绝佳所在，后石坞的古松园就在这里。还有三池碧水，南为鉴池，传说为泰山女神碧霞元君梳洗映容之处，又名玉女洗头盆。北为凤凰池，东北为饮虎池。

双峰西南方附近天空山下是著名的道教庙宇景观群，是老君庙、元君庙、元君墓、灵异泉、莲花洞、玉女修真处。

大天烛峰下为溪里峪，旧传有魔女坐化于此，又名风魔溪，溪中有天烛瀑。

小天烛峰下有一湾，名洗鹤池，过去常有松鹤歇憩嬉戏之中。

尧观顶在泰山的北天门，有东尧观顶和西尧观顶。传说远古时的尧帝曾来到这里，在东尧观顶看日出，到西尧观顶望日落。

登上尧观顶，极目远眺，顶面是一片紫色的天空，太阳还在沉睡。天际已有红光，空中那淡淡的云朵，被太阳发出的霞光映照着，就像少女撒开的纱巾，轻柔地飘荡在空中，不知落到哪一位有情人的手中了。

当太阳没有出现在地平线的时候，环顾四周，一片银灰色的苍穹，西南和北方三面的蓝带，整整齐齐地镶嵌在东方以外的大地上。

向东望去，眼前的群山，仍是在脚下的感觉。白色的云朵，绿色的树木，灰色的岩石，红色的霞光，远处的蓝带，以及黎明前灰蒙蒙的天空，真是一幅多彩的画卷。

在夕阳西下时候，登上西尧观顶，朝西方望去，层层红云依次浓淡向落日聚集，火红的太阳燃烧了一天，也不减辉煌，泰山一片光明，映衬着落日，显得山川瑰丽明媚，红云余晖耀眼。

泰山以其雄伟壮丽、庄严伟岸的风姿和博大精深的文化内涵，卓然屹立于世界东方，展示着文明古国的风采。

阅读链接

相传在明朝时候，有个叫徐大用的人在泰安城开店，他待人诚实可亲，生意很兴隆。一天，有位姓何的客人携子来到店里，见该客人满面愁容，像有心事。

徐大用便说："客官，我看你像有什么难处。"

客官闻听此言，含泪说："掌柜的，实不相瞒，去年老母重病在身，危在旦夕，后来听说泰山圣母能为人消病除灾，便到泰山来许愿。若圣母救老母一命，来年定要舍身相许。回去不久母亲病便好了。现在到了还愿的时候，倘若我舍身还愿，母亲无人管，只好以子代父。我儿年方5岁，聪颖过人，我怎能忍心将儿子推下山去？"

徐大用听后，便答应帮忙。他领着孩子在山上转了一圈回来，就说已将孩子舍下山崖。其实徐大用收养了孩子，并让孩子上学读书，这孩子20岁便金榜题名中了状元。

皇帝下旨那天，徐大用将孩子的父亲请来，把事情的经过都告诉了他。父子相见，两人抱头痛哭。

事后，三人又来到舍身崖，抚今追昔，感叹不已。遂将"舍身崖"改名为"爱身崖"，后人又在崖上刻"哀愚"二字，以示后人。

西岳华山

奇险天下

华山位于陕西省西安市以东120千米的华阴境内，是我国著名的五岳之一，古称"西岳"，海拔最高约2000米，高度居五岳之首。

华山以险著称，悬崖绝壁，壁立千仞，素有"奇险天下第一山"之称。它南接秦岭，北瞰黄渭，扼守着大西北进出中原的门户。"势飞白云外，影倒黄河里"，可谓独具特色。

华山是道教圣地，为道教"第四洞天"，虎踞龙盘，气象森森，山上气候多变，形成"云华山""雨华山""雾华山"等美景，具有仙境般的美感。

西岳华山的历史沿革

那是在很久以前,山西境内的首阳山和10条山峦连在一起,为一条山脉。大自然的恩赐与厚爱,使这里气候温润,山下良田无际,芳草萋萋,炊烟袅袅。山上郁郁苍苍,桃花夭夭,白云缭绕。

山下有华夏民族的祖先,就在这块土地上繁衍生息。他们日出而

西岳华山风光

■ 西岳华山下棋亭

作,日落而息,过着祥和安宁的日子。然而,一场意想不到的灾难发生了。

传说在天庭王母娘娘的蟠桃宴会上,老寿星太上老君因孙大圣一句玩笑话,笑得手一抖,倾倒了半盏玉浆,酿成了人间洪水泛滥的灾祸。霎时间,一条大河自西向东而来,河水奔腾怒吼,横冲直撞。

由于首阳山的阻拦,河水不能直泻东海,山脚下顿时成了一片汪洋大海。良田和村庄很快就被淹没了。

主宰西土12万里天地的白帝少昊,看到人们流离失所、叫苦不迭的悲惨景象便心急如焚,他立即请求玉帝,派人治水。玉帝认为,唯有力大无穷的巨灵神可担此重任。

巨灵神名叫秦洪海,生得头如笆斗,眼似铜铃,毛发直竖,腰阔十围,貌似笨拙,行如猿猱。巨灵神自领了玉帝旨命,就踏上首阳峰头,居高临下,察看

太上老君 就是老子,姓李,名耳,字聃,春秋时楚国人。曾任周朝守藏室之史。主无为之说,后世尊为道家始祖,著有《道德经》。亦称为伯阳、太上老君、老聃、老君、老子、老子道君、李伯阳、李老君。

巨灵神 我国古代传说中的神仙，是托塔李天王帐下的一员战将，使用的兵器是件宣花板斧，舞动起沉重的宣花板斧，就像凤凰穿花，灵巧无比。他时常为先锋大将，可见其武艺与法力不同一般。曾在我国名著《西游记》中出现。

地形，为的是给洪水找一条合适的出路。

经过细心观察，巨灵神发现在首阳山和其他山峦之间有一条窄狭的峪道，于是他走进峪道，用手推着山峦的石壁，右脚蹬着首阳山的山根，使尽全身力气，大吼一声。只见迅雷劈空，电光闪耀，一声巨响，两山开裂，百丈高一般的黄浪汹涌澎湃从两山之间奔腾东流。

可是由于用力过猛，好端端的最高的山峰也被他掰裂，一高一低，成了两半。

于是，高一些的就形成了后来的华山，又叫太华山，低一些的就形成了后来的少华山。

巨灵神站在波涛中，抬头看山峦，已被推进秦岭深处。他回望首阳山，已经藏在波涛的北边，看着被淹没的田地又重新露出水面，他欣慰地笑了起来。

巨灵神长舒一口气，驾彩云向西而去，给人间留

■ 华山北峰

下了一幅神奇无比的胜景。后来大诗人李白有"巨灵咆哮擘两山，洪波喷流射东海"的诗句，讲的就是这个故事。

登华山，站在苍龙岭上，东望著名景观"仙人仰卧"，就是开山导河后，仰卧入睡化为山峰的巨灵神。西峰的屈岭南端，有巨灵神观察地形时留下的足迹。首阳山根有巨灵神开山时的脚印，东峰崖壁上有五指分明的巨灵仙掌。

■ 华山日月岩

华山名字的来源说法很多，被称作"华山"最早出现在先秦古籍《山海经》和我国最早的史书《尚书·禹贡》中。也就是说，在公元前3世纪以前就有这个山名了。

人类从游牧生活改变成定居的农耕生活，可能是居民点定名引起附近山川的定名。华山地区是中华民族最早活动的地方，所以华山得名是比较早的。

有人说，华山的得名，同华山山峰像一朵莲花是分不开的。古时候"华"与"花"通用，正如北魏地理学家郦道元在所著的《水经·渭水注》中所记载：

> 其高五千仞，削成而四方，远而望之，又若华状。西南有小华山……

郦道元（约470年～527年），字善长。北朝北魏地理学家、散文家。他搜集有关的风土民情、历史故事、神话传说，撰《水经注》40卷。文笔隽永，描写生动，既是一部内容丰富多彩的地理著作，也是一部优美的山水散文汇集。可称为我国游记文学的开创者，对后世游记散文的发展影响颇大。

■ 华山石刻

所以称之为华山。也有人说，华山起名源于山顶的莲花池。后来，清代擅长写山水游记之类散文的朱耀南在他《华山记》中记载：

山顶池中，生千叶莲，服之羽化，因名华山。

远望华山主峰状如金元宝，与周边环绕的几座小山远望形似莲荷，西峰的翠云宫前又有倒扣莲花花瓣石，称"花山"。又因为近临黄河是华夏发源地，由于人们的口音等原因，称之为"华山"。

华山一共有5座山峰，紧紧聚在一起，东、南、西、北4座山峰像4个大花瓣，中峰就像花蕊一样被包在中间，说它像一朵花，真是名副其实。

有了"华山"的名字，附近的地名也受到影响。比如华山北面的县名，就因位于华山的阴坡而取名为华阴县，在华山南坡的取名为华阳。甚至可以说，中华民族的得名也与华山的名字分不开。

还有人说，我国古代也叫华夏。夏是由于夏族曾居住在满目花簇的华山地带而得名。这两种说法并非无稽之谈，"中华"或"华夏"的得名是与"华山"有关，使得华山这座名山更增添了光彩。

华山的历史衍化可以追溯到距今7000万年前的白垩纪时期，那时秦岭一带发生了强烈的地壳运动，形成一个巨大的花岗岩体的侵入岩，其东西长15千米，南北宽10千米，面积150平方千米。

到了新生代时期，由于华山北麓渭河地堑不断陷落，秦岭山地几经抬升，形成华山主体的花岗岩出露地表，在第三纪新构造运动中大幅上升，加上大自然的风雨雕琢，形成险拔隽秀的山势。

华山奇险峻峭，群峰挺秀，以险峻称雄于世，自古以来就有"华山天下险""奇险天下第一山"的说法。正因如此，华山多年来吸引了无数的勇敢探险者。

奇险能激发出人的勇气和智慧，以及不畏险阻攀登的精神，使人身临其境地感受山川的壮美。据先秦重要古籍，富于神话传说的最古老的奇书《山海经》记载：

> 太华之山，削成而四方，其高五千仞，其广十里。

华山是秦岭的一个小支脉，因西临少华山，古称太华。华山共有5峰，即南峰落雁、东峰朝阳、西峰莲花、北

《山海经》 先秦重要古籍，具体成书年代及作者不考。是一部富于神话传说的最古老的地理书，全书共计18卷，包括《山经》5卷，《海经》8卷，《大荒经》5卷。内容包罗万象，主要记述古代地理、动物、植物、矿产、神话、巫术、宗教及古史、医药、民俗等方面的内容。

■ 华山苍龙岭

峰云台、中峰玉女，其海拔都在2000米以上。

其中，南峰落雁、东峰朝阳、西峰莲花三峰鼎峙，人称"天外三峰"。再加上云台、玉女二峰相辅于侧，36小峰罗列于前，扼守着古代我国的心脏地区。

华山境内地理环境优越，南高北仰中部夹漕，有山有川，有塬有滩，多样的地理环境和良好的气候，为农、林、牧、渔业发展及各种矿产生存提供了适宜的条件。

华山四季分明，春季干燥，可以看到云海；夏季雨多但转瞬即晴；秋季晴多雨少；冬季常有雾雪，山路艰险难行。

从山麓至山顶，气温成直线递减，年平均气温较低，只有6.8℃，年温差也偏小，仅为18.8℃。山上多风，夏季湿气较重。

华山全境属暖温带季风气候，光照充足，自然资源丰富。这里土壤质地良好，适宜粮棉和经济作物生长，是酥梨的生长地。

林木资源有66属，110余种。珍贵树种有华山松、白玉兰、银杏、冷杉等。名贵药材有白细辛、龟形茯苓、野生灵芝、何首乌等。

珍禽异兽有国家级保护动物金钱豹、娃娃鱼、苏门羚、青羊等。

华山的花岗岩

华山全景

农副土特产品种繁多，有黄梅等10多种水果，华山灵芝等中药材900多种。金、银、蛭石、稀土等各种矿产25种，其中铁矿储量丰富。

花岗岩石板材远景储量数亿立方米。地热资源丰富，泉水星罗棋布，醴泉日出水量1200立方米，含有丰富的微量元素，为优质饮用水。

华山是中华民族文化的发祥地之一，我国最早的上古皇室文献《尚书》里就有关于华山的记载，《史记》中也有黄帝、尧、舜华山巡游的事迹。后来，秦始皇、汉武帝、武则天、唐玄宗等十数位帝王，也曾到华山进行过大规模祭祀活动。

华山被称为西岳，与东岳泰山并称，最早见于汉代人应劭所著的《尔雅·释山》一书。西岳这一称呼，据说是因周平王迁都洛阳，华山在东周京城之西，故称"西岳"。

后来，秦王朝建都咸阳，西汉王朝建都长安，都在华山之西，华山不再称为"西岳"。直到汉光武帝刘秀在洛阳建立了东汉政权，华山就又恢复了"西岳"的名称，并一直沿用。

据记载，最早秦昭王曾命工匠施钩搭梯攀上华山。魏晋南北朝时期，还没有通向华山峰顶的道路。直到唐朝，随着道教兴盛，道徒开始居山建观，逐渐在北坡沿溪谷而上开凿了一条险道，形成了"自古华山一条路"。

华山从得名开始，已有2400多年的历史了。《尚书》中记载，华山是"轩辕帝会群仙之所"。

汉唐以前华山虽然有名，但是由于华山太险，很少有人登临，可说是处于探险阶段。为此，历代君王祭西岳，都是在山下西岳庙中举行大典。

唐宋时代，修道求仙的隐士们开始在华山凿洞为祠，也引来了少数的诗人和画家，这是开发的初期。

到了元明时代，山上营建起楼阁殿宇代替了山洞，山路也因此得到修整，有的凿成了石级，有的加上了铁链栏杆，方便了登山的游人，这是开发的盛期。

到了清代，上山的游人不计其数，文人雅士画家来到华山的络绎不绝，极大地增强了华山的盛名。

阅读链接

相传有位书生刘彦昌上京赶考，闻听华山三圣母十分灵验，便去抽签问前程。他虔诚地连抽三签都是白板，无一灵验。刘彦昌气极了，题诗粉壁墙嘲笑三圣母。

三圣母闻讯用雷雨惩罚他，后又惜他才貌双全，随后与他结为夫妻。

二郎神杨戬得知妹妹三圣母私配凡夫，违犯天条，便把三圣母擒来压在华山下。

三圣母生下个儿子叫沉香，长大后拜师吕洞宾学艺。神功学成，便找杨戬寻仇。经过一场生死大战，舅父杨戬败北。

沉香挥巨斧力劈华山，救出亲娘。至此，刘彦昌、三圣母和儿子沉香终得团圆。

塞北之尊 — 北岳恒山

北岳恒山位于山西大同浑源县城南,与东岳泰山、西岳华山、南岳衡山、中岳嵩山并称为"五岳"。其主峰天峰岭被称为"人天北柱""绝塞名山"。

恒山以道教闻名,有"三寺四祠九亭阁七宫八洞十二庙"之称。其中悬空寺更是闻名遐迩,尤其是寺中的三教殿,释迦牟尼、老子、孔子三教共居一室,堪称一绝。

自古以来,历代帝王大都要差使臣到恒山朝圣,无数文人墨客、才子佳人也都游览过恒山胜地,并留下灿烂辉煌的诗篇。

盘古右臂衍化而成恒山

传说在天地还没有开辟以前，宇宙就像是个大鸡蛋一样混沌一团。没有天地上下，没有东南西北，也没有前后左右。就在这样的世界中，诞生了一位伟大英雄，他的名字叫盘古。

一万八千多年过去了，盘古就一直在这个"大鸡蛋"中沉睡。终

■ 恒山盛景

■ 恒山上的寺庙

于有一天，他睁开蒙眬睡眼，发现周围一团漆黑，他想伸展一下筋骨，但"鸡蛋"紧紧包裹着他的身子，使他感到浑身燥热，呼吸异常困难。

盘古勃然大怒，他拔下自己一颗牙齿，把它变成了一把威力巨大的神斧，他抡起来用力向周围劈去。

一阵巨响过后，"鸡蛋壳"终于破裂了，一股清新的气体散发开来，飘飘扬扬升到高处，慢慢变成了天空。另外一些浑浊的东西则缓缓下沉，就变成了后来的大地。

从此，原本混沌不分的宇宙就有了天和地，宇宙间也不再是漆黑一片了。盘古置身其中，只觉得神清气爽。天空越来越远了，大地越来越辽阔了。

盘古担心天地会重新合在一起。于是，他叉开双脚，稳稳地踩在地上，高高昂起头颅，顶住天空，并

盘古 或称盘古氏，或盘古大帝，我国神话故事中的人物，是唯一可以被称为"顶天立地"的神。在我国古代的神话传说中，盘古是开天辟地的人物，并且为了人类而献身，用自己的身躯创造了世界万物。

■ 恒山雪景

法力 指佛法的除妄伏魔之力，后泛指超人的神力。在古代传说中，指人们运用特定的方法及咒语借用自然力量，来祈福避凶、化解凶煞或者操纵事物的方法。

且施展法力，让自己的身体在一天之内变化9次，每次都增高一尺。

就这样，每当盘古身体长高一尺，天空就随之增高一尺，大地也增厚一尺；每当盘古身体长高一丈，天空就随之增高一丈，大地也增厚一丈。

又过了一万八千多年，盘古身体长得有9万里那么长了，成了一位顶天立地的巨人，天空升得高不可及，大地也变得厚实无比了。

但是，盘古仍不罢休，继续施展法术，直到有一天天终于不能再升高了，地也不能再增厚了。而这时，盘古也已经耗尽了全身的力气。

盘古缓缓地睁开双眼，满怀深情地望了望自己亲手开辟的天地。看到天地间的万物再也不会生活在黑暗中了，盘古才长长地舒了一口气，慢慢地躺在地上，闭上沉重的眼皮，与世长辞了。

在临死前，盘古嘴里呼出的气变成了春风和天空的云雾，他的声音变成了天空的雷电，他的左眼变成了照耀大地的太阳，右眼变成给夜晚带来光明的月亮，千万缕头发变成了点缀美丽夜空中一颗颗闪烁的星星。

鲜血变成了奔腾不息的江河湖海，肌肉变成了供给万物生存的千里沃野，骨骼变成了树木花草，筋脉变成了道路，牙齿变成了石头和金属，精髓变成了明亮的珍珠，就连汗水，也变成了霜雪雨露，滋润着万物茁壮成长……

相传盘古倒下时，他的头化作了东岳泰山，他的脚化作了西岳华山，他的左臂化作了南岳衡山，他的右臂化作了北岳恒山，他的腹部化作了中岳嵩山。

而盘古的精灵魂魄，也在他死后变成了人类。所以，后来人们都说，人类自己是世界的万物之灵。

魂魄 多指人的精神灵气。我国古代认为魂是阳气，构成人的思维才智。魄是粗粝重浊的阴气，构成人的感觉形体。魂是阳神，魄是阴神。道教有"三魂七魄"之说。

■ 恒山上的"名利心灰"

■ 恒山寺庙建筑

盘古生前完成开天辟地的伟大业绩，死后留下了无穷无尽的宝藏，成为我们中华民族崇拜的伟大英雄。

而恒山，这座由盘古右臂变成的大山，带着上古英雄不朽的血脉，在这片神奇而古老的土地上，历经沧海桑田，历久弥坚，孕育了无数的神话和传奇。

阅读链接

相传，恒山生长着几十种名贵中药材，在众多的中药材中，尤以恒山紫芝最为名贵。据《恒山志》记载，恒山灵芝仙草为镇山之宝，状如紫色云锦，服之可延年益寿，起死回生。

当地人传说：每一棵灵芝草，便有一条双头毒蛇看护，又说恒山灵芝平时肉眼看不到，只有祈祷北岳大帝，灵芝才会现形放光。

神奇的恒山灵芝仙草传遍四方，嘉靖二十五年，明世宗委派朝廷大员，指令州衙官吏，摘取真芝12棵，留下了《采取玄芝记》的石碑一通。

绝塞名山揽恒山胜景

北岳恒山也叫"太恒山",又名"元岳""紫岳""大茂山"等,它西接雁门关、东跨太行山,南障三晋,北瞰云、代二州,莽莽苍苍,横亘塞上,巍峨耸峙,气势雄伟,被誉为"人天北柱"和"绝塞

恒山寺庙彩绘门

> **玄武**是一种由龟和蛇组合成的一种灵物。玄武的本意就是玄冥，武、冥古音是相通的。玄，是黑的意思；冥，就是阴的意思。玄冥起初是对龟卜的形容：龟背是黑色的，龟卜就是请龟到冥间去诣问祖先，将答案带回来，以卜兆的形式显给世人们。因此说，最早的玄武就是乌龟。

名山"。据说古时恒山有十八景，到了明、清时，有"三寺四祠九亭阁，七宫八洞十二庙"的盛况。

恒山主峰天峰岭与翠屏峰，两峰对望，断崖绿带，层次分明，美如画卷。其著名景观如果老岭、姑嫂岩、飞石窟、还元洞、虎风口、大字湾等处，充满了神奇色彩。悬根松、紫芝峪、苦甜井更是自然景观中的奇迹。

恒山以自然景色之美而著称，苍松翠柏、庙观楼阁、奇花异草、怪石幽洞构成了著名的恒山十八景，犹如十八幅美丽画卷：

磁峡烟雨、龙泉甘苦、云阁虹桥、虎口悬松、果老仙迹、云路春晓、断崖啼鸟、危岩夕照、金鸡报晓、茅窟烟火、弈台弄琴、玉羊游云、脂图文锦、岳顶松风、幽窟飞石、仙府醉月、紫峪云花、石洞流云。

■ 恒山苦甜井

磁峡烟雨，就是金龙峡，位于天峰岭与翠屏峰之间，其间石壁万仞，青天一线，在细雨蒙蒙时晴岚缥缈，烟雾纷飞，妙趣横生，涧底流水，夺口而泻。

龙泉甘苦，就是苦甜井，位于白云堂东侧，有一玄武亭，亭内并列双井，名玄武井，一井水如甘露，清凉爽口；一井水味苦涩，人不能饮，人称苦甜井。

唐明皇亲手赐匾"龙泉观"，历代游客争先品尝龙泉圣水、恒山奇茶，求取吉利。

云阁虹桥，就是古栈道，位于金龙峡最窄处，是南北交通要道。古人沿峡东崖绝壁间，凿崖插木，飞架栈道，同时建有一座连接东西的高空飞桥，合称云阁虹桥，民间传说是鲁班妹妹一夜所建。峡壁一直残留着修栈道时的行行方窟。

虎口悬松，就是虎风口与悬根松，在步云路的石阶风口上，人到此处，清风飕飕，松涛阵阵，犹如虎啸龙吟，临风屹立着一棵参天古松即悬根松，根茎盘露，紧抱岩石，遮日留荫。相传松根外悬是张果老拴在树上的神驴受惊而拔起的。

张果老仙迹，就是果老岭，位于悬根松北的登山途中，石径上陷有行行小圆坑，形似驴蹄印，据说是张果老在恒山修仙时倒跨驴留下的蹄印。

云路春晓，就是步云路，从岳门湾至恒宗殿，称十里步云路。旧时一里一亭，一步一松，亭亭不同，步步入云。沿路有大字湾、四大夫松等景观。

据说云路春晓来源于一个神奇的传说。传说茅氏三兄弟在恒山茅氏窟修仙时，不慎失落了两粒金丹，

■ 北岳恒山张果老塑像

鲁班（前507年～前444年），姓公输名般，又称公输子、公输盘、班输、鲁般。故里在山东滕州。春秋末期到战国初期鲁国土木工匠。鲁班是我国古代的一位出色的发明家，2000多年以来，他的名字和有关他的故事，一直在广大人民群众中流传。我国的土木工匠们都尊称他为"祖师"。

■ 恒山北岳灵宫

灵芝草 自古以来就被认为是吉祥、富贵、美好、长寿的象征，有"仙草""瑞草"之称，中华传统医学长期以来一直视其为滋补强壮、固本扶正的珍贵中草药。民间传说灵芝有起死回生、长生不老之功效。

正好被一只黄山鸡和一只山羊各吃了一粒。

茅氏三兄弟发觉这山鸡和山羊得了仙体，就指派它们一在朝殿西侧钟楼当值，司晨报晓；一在朝殿东侧紫芝谷内当值，看管灵芝草。

数十年后，茅氏三兄弟南下江南，让金龙童子谨慎看守洞府。

金龙童子本性贪玩，开始还小心在意守着洞门。日子一久，觉得枯燥乏味，又因无人管渐渐地离开洞门到附近玩。回来后见洞中还是安然无恙，胆子也逐渐大起来，有时三五天外出不归，最后发展到数十天也不回来一次。

一天，从山下上来一个妖道。他听说恒山有一只金鸡和一只山羊，一直想偷到手，他悄悄地来到茅氏三兄弟的山洞前后左右窥看了一阵，静听一会儿，即在洞口念起咒语，一会儿，从北岳大殿的西侧走出一只金光闪闪的大公鸡，紧接着又从东侧出来一只浑身雪白如玉的山羊。

妖道忙把金鸡抓住，赶上山羊下山，这时，正好有一群羊在吃草，山羊一见羊群便钻入群内，妖道忙寻找，一着急，没抓袋口，连金鸡也从手中飞跑了。

这时，山下居民见山上金光闪闪，以为恒庙失火，数百人拿着铁锹，担着水，上山灭火。妖道一见大事不好，便赶紧念咒把金鸡和山羊变成石头。

事后，金龙童子因看守宝物失职，被茅氏三兄弟贬为一条木龙，永远固定在悬崖峭壁之上。

后来的人们能看见一块状如古磬的青色岩石，南向而立，以石击之，便发出咕咕之声振谷，酷似雄鸡报晓，情趣绝妙。

断崖啼鸟，就是姑嫂崖，又称舍身崖、夕阳岩，位于夕阳岭中段极陡峭的一段山崖。在果老岭的东侧，一座万仞险峰面西而立，直插云端。翘首而望，看那古松摩云，危崖欲倾，确实雄伟壮观。

关于这美丽如画的舍身崖，还流传着一个悲壮动人的爱情故事。

传说在很久很久以前，浑源城里有一个十分美丽的少女。有一年夏天，她年迈的母亲患病，姑娘便和嫂子一起上恒山为老人寻取治病的草药。

谁知刚刚走进那幽深的松林，便撞见了一只恶狼。那恶狼张开血盆大口，向她们扑了过来。正在这危急万分之时，有一个年轻人从后面赶来，挥舞木棒，赶跑了恶狼。姑嫂两人非常感激，连连向青年道谢。

言谈之中，得知这青年是在恒山修庙的画匠。少女见他容貌英

恒山北岳灵宫

北岳恒山寺庙内的佛像

俊，言谈举止又十分稳重干练，便产生爱慕之情。好心的嫂嫂看出了小姑的心思，便在一旁穿针引线，帮助小姑与画匠定了终身。

不料好事多磨，祸从天降。浑源知府老爷的公子久闻少女美貌出众，便要强行霸娶。

而少女的母亲也嫌贫爱富，贪图知府家的钱财，又是打，又是骂，逼迫着女儿应允知府公子的婚事。少女无法忍受，便连夜逃出家门，上恒山去寻找画匠。贤惠的嫂嫂怕小姑发生意外，也急急忙忙跟随上山，暗中保护小姑。

姑娘跑遍恒山的山山岭岭，却不见情人的身影。这时，知府公子又率领家丁追来。眼看着如狼似虎的家丁们步步逼近，少女把牙一咬，从万丈峰顶跳了下去。嫂嫂赶到崖顶，不见小姑踪影，也从这里跳崖身亡。

姑嫂两人的壮烈行动感动了北岳之神。北岳神便施展神法，使少女化为百灵鸟，嫂子化为找姑鸟，日夜形影不离，飞绕此山，凄凉的叫声不绝。据说舍身崖和姑嫂崖便由此而得名。

危岩夕照，就是夕阳岭，位于果老岭东侧，是一段插入云天的万仞绝壁，面西峭立，每当夕阳西下，余晖反照千山色，满峪参差入画中，奇光异景，令人神往。

金鸡报晓，就是金鸡石，位于朝殿西古楼外，有一状如古磬的青石，以石相击，声振幽谷，如金鸡鸣叫，情趣绝妙。传说是黄山鸡吃了三茅真人失落的金丹而变。

茅窟烟火，就是三茅窟，位于白虚观紫微阁旁的断崖上，是三茅真人修仙得道处。传说三窟有怪异现象，一窟点火，另两窟冒烟，两窟点火，另一窟冒烟，三窟同时点水，即三窟都不往外冒烟了，成了自然之谜。

弈台弄琴，就是琴棋台，位于会仙府西北处，有巨石迸裂，西南有条崖缝，沿石缝而上，陡壁高处有一片风蚀岩石，台上刊棋一局，崖壁上是双钩书"琴棋台"3个字，此处传说是仙人对弈弄琴之所在。

玉羊游云，就是从朝殿瞭望东峰峭崖翠顶上，有白石累累如群羊吃草，在云雾的推动下，别生情趣，称为玉羊游云。

脂图文锦，就是石脂图，位于主峰东崖上，由五

> **琴** 古代弦乐器，又称瑶琴、玉琴。最初是五根弦，后加至七根弦。古琴的制作历史悠久，许多名琴都有可供考证的文字记载，而且具有美妙的琴名与神奇的传说。琴，作为一种特殊的文化，概括与代表着古老神秘的东方思想。古琴，目睹了中华民族的兴衰，反映了华夏传人的安详寂静、洒脱自在的思想内涵。

■ 北岳恒山纯阳宫

寺庙中的佛像

色卵石天然结成，约四尺见方。一般时值中午，松荫翠柏蒙图上，远望状如剥落之古碑，中有蝌蚪文字，又似锦绣画图，实为奇景一绝。

岳顶松风，就是天峰岭。登上峰顶，极目不知千里远，举头唯见万山低，晴岚缥缈，松涛贯耳，北国风光，气象万千，恒山十八景尽收眼底，吸引着万千人士前来观光，北岳恒山简直美不胜收。

幽窟飞石，就是飞石窟，位于姑嫂崖北端，为一天然大石窟。据传说，舜帝北巡至恒山下，忽有一石从恒山飞来，坠于舜帝前，舜帝起名为"安王石"。

五年后，舜帝又北巡至曲阳被大雪阻路，便望祀恒山，此灵石又飞到曲阳。窟内有寝宫、梳妆楼等。

仙府醉月，就是会仙府，位于朝殿西侧，为恒山最高庙观，置身府院，如临仙境。夜宿仙府，依栏望月，饮酒作诗，真有点起坐出世之感。传说是仙人聚会之地。

紫峪云花，就是紫芝峪，位于恒宗殿东侧，是一道草木丛生、曲折幽奇的沟峪。恒山旧志记载，峪内长着灵芝仙草，为恒山的镇山宝草，状如云锦，有起死回生、益寿延年之功效。后来被明世宗皇帝采去了12棵。

石洞流云，就是出云洞，位于紫芝峪东崖上，洞口上刻有"白云灵穴"4字。传说此洞深不可测，下通地海龙宫，白龙公子掌管北国云雨，每逢降雨时，洞内吐出团团白雾，霎时风雨来临，甘霖遍野。俗话说：恒山戴帽，大雨必到。

再加上千古一绝的天下奇观悬空寺，整个恒山美景如诗如画，令人如置身于世外桃源，流连驻足。

恒山松，风格别致，形状奇特。其中，有4棵形状奇特的唐代古松，人称"四大夫松"。这4棵古松，根部悬于石外，紧抓岩石，傲然挺立，气势不凡，别具风格。

恒山十二庙，以北岳庙为首，寝宫、后土夫人庙、紫微宫、官亭、白虎观、龙王庙、灵官府、关帝庙、文昌庙、奶奶庙、纯阳宫、碧霞宫等庙宇建筑，稳坐于西峰之上，苍松之间，或隐或露。

恒山之云，变幻无穷。出云洞在后土夫人庙的不远处山腰，晴日明朗，洞口寂静，阴雨来临，洞口便游出缕缕白云，引人遐思。

后土 民间俗称后土娘娘。主掌阴阳，育化万物，被称为大地之母。她是最早的地上之王，也是道教尊神"四御"中的第四位天神。传说与主持天界的玉皇大帝相配合，是主宰大地山川的女性神。

■ 北岳恒山出云洞

■ 北岳恒山寺庙里的佛像

北魏（386年～557年），由鲜卑族拓跋氏建立的封建王朝，是南北朝时期北朝第一个朝代。386年，拓跋部首领拓跋珪建国，国号为大魏，建都平城。439年，统一北方。493年起孝文帝拓跋宏迁都洛阳，皇帝改姓元。534年，分裂为东魏与西魏。西魏于恭帝三年被权臣宇文护逼迫禅位于其侄宇文觉，北魏历史正式宣告结束。

恒山之寺，星罗棋布。恒山脚下的悬空寺、应县佛宫寺的释迦木塔、浑源城内的圆觉寺砖塔、永安寺等，在我国古建筑史上都占有重要地位。

出浑源县城，南行约4000米，顺路而上，便进入了一条幽深的峡谷，峡谷长约1500米，从北至南，分为金龙口、石门峪口、磁窑口3段。

金龙口谷深山崇，两岸悬崖壁立，斗崿如门。群峰突起，争相为高。最窄之处宽不足10米，仰首只见一线之天。人立其中，颇有巨岩压顶之感。

金龙口中，浑河之源的唐峪河集千沟万壑之水，自南向北穿峡而去。平日在谷底静静流淌，水势不大，一到阴雨时节，河水猛涨，浊浪排空，奔腾咆哮，恰似一条奔驰的金龙，一泻而下，势不可当。正如古诗所说：

八月涛声吼地来，头高数丈触山回。

从金龙口再上，为石门峪口。这里地势更为险要，有诗道：

高排石壁悬双阙，独耸危峰接九霄。

在东岸悬崖的半山腰里，有北魏道武帝年间修建的云阁虹桥。它是恒山著名一景。后来云阁仅有在崖间插横梁的石孔遗迹尚存，而虹桥则早已毁坏了。著名的云阁虹桥胜景后来只有"云阁"两个大字，还镌刻在陡峻直立的石壁之上。

从石门峪口再往上，就是磁窑口。磁窑口峡谷的东岸，在原来半坡村旁，曾建有恒山山门。山门切石坡筑台基上下二层。上层台上建西向券洞门3道，檐

牌坊 又名牌楼，为门洞式纪念性建筑物，是古时为表彰功勋、科第、德政以及忠孝节义所立。也有一些宫观寺庙以牌坊作为山门，或用来标明地名。牌坊也是祠堂的附属建筑物，它用以昭示家族先人的高尚美德和丰功伟绩，兼有祭祖的功能。

■ 恒山古建筑

饰瓦顶都为琉璃烧造。门洞上方的龙凤板上大书"北岳恒山"4字。

台前砌三出踏道,共10级。下层台基的中部建四柱三路木牌坊,当中横匾上书"屏藩燕晋"。牌坊东面树一座石碑,上面刻着"塞北第一山"。

磁窑口西岸崖下,有一罗汉洞。洞深而广,能容二三百人。洞内石壁上,塑有十八罗汉像,神态各异,造型生动,向有"南罗汉,北悬空"之称。

越过小桥流水,攀上石壁栈道,拾级而上。进入山门后,爬悬梯,钻石窟,绕长廊,进入悬空寺。悬空寺不仅奇在悬空,而且殿回楼转,一步一景,建造奇特。全寺大小40座殿庙楼阁,高低错落,对称中有变化,转折升降,分散中有特色。

从悬空寺庙门南望,恒山水库把天峰、翠屏二山连接起来,群山环抱,碧波荡漾,气势不凡,巍峨壮观。

阅读链接

从金龙口再上,为石门峪口。这里"高排石壁悬双阙,独耸危峰接九霄",地势更为险要。

在东岸悬崖的半山腰里,古时候筑有栈道,名为"云阁"。云阁与西岸半山之中的悬空寺之间,曾有一座架空悬桥,名为"虹桥"。这两者合称为"云阁虹桥",为当时恒山著名一景。

据说,"云阁虹桥"是北魏道武帝年间修建的。但是在后世的风雨中,云阁仅有在崖间插横梁的石孔遗迹尚存,而虹桥则早已毁坏。

由于唐峪河水夹带大量泥沙,长年淤积,谷底河床越来越高,现在云阁的石孔遗迹只能看见一排,而且已离谷底很近了。著名的"云阁虹桥"胜景也只有"云阁"两个大字,还镌刻在陡峻直立的石壁之上。

湘南之秀 南岳衡山

衡山，又名南岳、寿岳、南山，我国南方的宗教文化中心，五岳之一。

南岳衡山以祝融峰之高、藏经殿之秀、水帘洞之奇、方广寺之深而著名，并称"衡山四绝"；以春观花、夏看云、秋望日、冬赏雪为"衡山四季佳景"。

衡山还有许多名胜古迹和神话传说，形成了丰富多彩的文化沉积。它宛如一座辽阔的人文与山水文化和谐统一、水乳交融的巨型公园，吸引着海内外游客。

衡山和祝融峰的民间传说

南岳衡山的来源有很多的传说。一说盘古开天辟地，死后化为山川林木，头为东岳泰山，脚化为西岳华山，腹化为中岳嵩山，右臂化为北岳恒山，左臂化为南岳衡山。

■ 衡山"祝融峰"题刻

一说是中华始祖之一的炎帝神农氏追赶朱鸟，用神鞭将朱鸟打落变成南岳，所以大家在南岳古镇入口处所见的牌坊上便绘有朱鸟图案，南岳山徽"朱鸟"因此而来。

相传帝喾任命祝融担任火正之官。祝融是古时"三皇五帝"中的三皇之一，他在担任火正时，以火施化，为民造福，能昭显天地之光明，生柔五谷林木，后世尊为火神。

后来祝融升天当了神仙，他把火

衡山牌坊

种埋在了衡山的山里,谁知火种慢慢地燃了起来,南岳一时成了火海。

衡山的山神急了,忙请东海龙王来救火。老龙王降下雨水,可火不灭反而更大了。老龙王向观世音求救,观世音说:"只有打通衡山通向渤海的那条通道才可以灭火。"

龙王叫了手下800条龙,日夜不分,打通了那条通道。火灭了,但龙王还怕火再次燃起来,于是叫龙儿们日夜守候在那里。

冬天,天气寒冷,让火大一些,融化山上的雪水,给衡山以湿润和温暖。夏天,用泉水灌输,让火小一些,使天气能凉爽些。

正是因为这样,衡山才会有这么舒适的环境。而

炎帝 号神农氏,又称赤帝,华夏始祖之一,与黄帝并称为中华始祖,我国远古时期部落首领。据说炎帝制耒耜,种五谷。立市廛,首辟市场。治麻为布,民着衣裳。做五弦琴,以乐百姓。削木为弓,以威天下。制作陶器,以改善生活。炎帝与黄帝结盟并逐渐形成了华夏族,因此我国后人自称为"炎黄子孙"。

衡山祝融峰建筑

在南岳大庙里还有那800条蛟龙在那儿守护这片山山水水。

祝融峰是根据火神祝融氏的名字命名的。相传祝融氏是上古轩辕黄帝的大臣,人类发明钻木取火后却不会保存火种和不会用火,祝融氏由于跟火亲近,成了管火用火的能手,黄帝就任命他为管火的火正官。

因为祝融熟悉南方的情况,黄帝又封他为司徒,主管南方事物。他住在衡山,死后又葬在衡山。为了纪念他对人们的重大贡献,将衡山的最高峰命名祝融峰。在古语中,"祝"是持久,"融"是光明,即让他永远光明。

祝融峰挺拔突起,高出芙蓉、紫盖、天柱、祥光、烟霞、轸宿诸峰之上。在祝融殿的西边,有望月台,月明之夜,皓月临空,银光四射,景色格外明丽。游人站在台上,欣赏月色,较在平地上别有一番景象。即使月亮西沉,这里也留有它的余晖。正如明代孙应鳌的诗所描绘的:

人间朗魄已落尽,此地清光犹未低。

祝融峰附近寺庙林立,其南面有上封寺,隋代以前叫光天观,是道教活动的地方。隋炀帝大业年间,下令改为上封寺。

上封寺的正前方是南天门。上封寺后的山上有观日台，现设有气象台。在观日台旁边，有一块石碑，上面刻有"观日出处"4个大字。在秋高气爽，特别是雨后初晴的日子里，游人可以看到"一轮红日滚金球"的奇景。

衡山有遍山遍岭的竹子，有楠竹、斑竹、毛竹、凤尾竹，还有箭竹、水竹和紫竹。这里的竹子能够结竹米，可以吃。

相传很久以前，祝融峰北面中山沟有座茅屋，住着一个名叫刘二的人，全靠打柴为生。

一天，他扛着扁担、带着弯刀上山去砍柴。看见一头大野猪正在拱竹笋吃。他冲上前去，举起扁担向野猪猛刺。野猪惨叫一声，没命地逃跑了。他走过去，只见那笋子又大又嫩。刘二连忙把笋子扶正，用松土培好，还砍了几根杂树棍钉在四围，才又上山去砍柴。

不久，那只竹笋长成了一根楠竹，青枝绿叶，又大又好看，刘二就把它移栽到自己的茅屋前面。第二年又发了许多竹笋，很快成了竹林。刘二非常高兴，一有空闲，就给竹子培土送肥。竹子越长越多，把刘二的屋子围得严严实实。

有一年，衡山大旱，一连七七四十九天没下一滴雨，禾苗都变成了枯草，老百姓日子很难过。刘二也饿得头昏眼花，每天以野菜、树皮度日。但是，再难他也舍不得砍竹子换粮吃。

一天夜里，他似睡非睡，听到一个声音："我是您亲手栽的那根大竹，名叫竹仙，您救了我的命，多年来，精心栽培，为了报答您的恩情，我们在竹子上结了竹米。"

祝融殿古钟

刘二将信将疑，第二天一早，他走到竹林一看，一棵棵竹子上真的结了厚厚的一层竹米。竹米有麦粒那么大，长长的，两头尖，中间圆，淡黄色。他摘了两升，拿回去煮成稀饭，一尝，香喷喷，软绵绵，就像稻米那么好吃。

刘二高兴得合不拢嘴，连忙把这个好消息告诉了周围的乡亲。于是乡亲们成群结队地上山来了，满山遍岭的竹米帮他们度过了一场百年不遇的饥荒。

从此以后，衡山的老百姓对竹子有了特别的感情。他们经常垦竹山，赶野猪，保竹笋，使南岳山的竹子长得越来越茂盛。

到了唐尧、虞舜时代，就有了帝王们到衡山巡狩祭祀的记载，也就是在那时，衡山才有了正式的封号"南岳"，相传那时的尧帝、舜帝、禹帝均到过南岳祭祀。《尚书》《周礼》《尔雅》《山海经》《水经注》等著述中都均有关于南岳衡山的记述。

后来，史学家司马迁在《史记》中记载了尧帝曾经巡狩到衡山：

舜……五月南巡，至于南岳。南岳，衡山也。

大禹治水时也曾在衡山杀马祭天地，在皇帝岩斋戒祈求上天帮助，获天赐金简玉书，取得了治水方案，制服滔天洪水，功垂万世。

> **阅读链接**
>
> 相传，每年祝融都会带着自己身边的官员，爬到南岳的最高峰上，主持举行"祭山"仪式，祈祷南方各地风调雨顺，五谷丰登，使这里人们的生活比赫胥氏时代又有了进步。
>
> 这里的黎民百姓对祝融都非常尊敬，每年秋收以后，他们就成群结队地来朝拜祝融。因为，火是赤色，祝融教化大家如何用火。所以，这里的人们都尊称他为"赤帝"。

层峦叠翠的南岳七十二峰

衡山气势雄伟，层峦叠翠，林壑深幽。因其地处江南，群峰云雾缭绕，给人以奇妙莫测之感，唐代文学家韩愈曾有"欲见不见轻烟里"的赞誉。

衡山山形似朱雀，且山中多雨，常有云雾缭绕，从湘江之滨远远望去，的确像云雾中的一只大鸟凌空飞翔。其雄伟的姿态、恢宏的气派，无愧为名山南岳之称。

72峰分布在长沙一峰，湘潭、湘乡之间一峰，衡阳4峰，湘潭3峰，衡山县有63峰。

从衡山县湘江之滨远远望去，那耸立南天的祝融峰，形如鸟啄，状如鸟首。东边的吐雾、中紫、白马、采

衡山寺庙景观

■ 衡山寺庙古建美景

霞、晚霞、凤凰诸峰，状如马冠。

以祝融峰为轴峰，前面的芙蓉等16峰，紧相依傍，恰似朱鸟壮实的身躯。后面的青岭等13峰，活像翘得长长的鸟尾；南面石廪直至衡阳的回雁等20峰和北面的紫盖乃至长沙的岳麓山等22峰，俨若朱鸟展开大约数百里的彩翼。

清朝人魏源写了"唯有南岳独如飞"，一个"飞"字把72峰说活了，形象地把南岳衡山比作展翅欲飞的大鸟，鸟的头是昂首天外的祝融峰，其南面的芙蓉等16峰紧相依傍，很像鸟的巨大躯体，北面的紫盖峰至岳麓山的22峰则仿佛大鸟张开的彩翼。远望犹似大鹏展翅，跃然欲飞，显示出雄俊、磅礴的气势。

紫盖峰在岳庙东，峰顶有仙人池，峰下有洞灵崖。晋末，邓道士得道处，峰右为朱陵洞。相传与广东罗浮相通，为道家第三洞天。洞口今闭，下有飞泉挂壁，状如垂帘，又称水帘洞。

魏源（1794年～1857年），清代启蒙思想家、政治家、文学家，近代中国"睁眼看世界"的先行者之一。魏源认为论学应以"经世致用"为宗旨，提出"变古愈尽，便民愈甚"的变法主张，倡导学习西方先进科学技术，总结出"师夷之长技以制夷"的新思想。

水帘洞，古名朱陵洞，相传是朱陵大帝居住的地方。道家认为它是道家的"第三洞真虚福地"，乃"朱陵太虚小有之天"，简称"朱陵洞天"，历来是神仙居住的洞府。后人称朱陵洞为"紫盖仙洞"。

相传远古时候，大禹治水，来南岳求金简玉书，曾在朱陵洞天举行祭祀的典礼。

唐朝开元年间，唐玄宗曾经派遣内侍张奉国带道士孙智凉等人，专程从京师来到南岳朱陵洞投放金龙玉简。

这一"洞天投龙"的盛况，详细地记载在《南岳志》上，后人在水帘洞投金龙玉简处写下一副对联：

北向独不朝，泻千尺银河，溅玉飞珠，相望源头来紫盖；
西巡应有恨，弃九重金阙，投龙续命，空寻洞穴向朱陵。

对联 又称楹联或对子，因古时多悬挂于楼堂宅殿的楹柱而得名，又有偶语、俪辞、联语、门对等通称，以"对联"称之，则肇始于明代。它对仗工整，平仄协调，是一字一音的汉文语言独特的艺术形式。它是一种对偶文学，起源于桃符，是利用汉字特征撰写的一种民族文体，它与书法的美妙结合，又成为中华民族绚烂多彩的艺术独创。

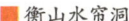
■ 衡山水帘洞

■ 衡山水帘洞朱陵宫牌坊

石鼓山 位于衡阳以北，海拔69米，面积约4000平方米。石鼓名称的由来，有人说是因为石鼓四面凭虚，其形如鼓而得名，也有人说是因它三面环水，水浪击石，其声如鼓。

张居正（1525年~1582年），明代政治家、改革家。明神宗时，一切军政大事均由张居正主持裁决，前后当国10年，实行了一系列政治经济改革措施，收到一定成效。

在水帘洞瀑布源头，三支泉水汇集一起，流入水帘洞上方谷地。谷地阔三丈，原是梁朝的九位真人白日飞升的栖息之地，后建造九仙观。九仙观附近有太阳泉、洗心泉、洞真源、仙人池等。

泉水从石壁上飞流直泻，宽达3米，高50余米，泻珠溅玉，仿佛一幅巨大的白布帘，在石壁当中被乱石嶙岩挡住，然后再从石缝里屈曲折射，跳跃出来，满谷水花四溅，闪烁着晶莹夺目的光彩，发出雷鸣般的声音，声传十里。明朝张居正游此地后说：

> 瀑泉洒落，水帘数叠，挂于云际，垂如贯珠，霏如削玉。

水帘绝壁下有碧潭，张居正作《水帘洞》一诗赞道：

误疑瀛海翻琼浪，莫拟银河倒碧流。
自是湘妃深隐处，水晶帘挂五去头。

这首诗可说是写出了水帘洞的光、声、影三绝的奇景了。

在水帘洞右边，石壁陡峭。原先在岩上有石屋一幢，名叫龙神祠。这祠堂是唐玄宗派内侍张奉国和道士孙智凉投"金龙玉简"的处所。

距龙神祠相隔20余丈的山涧对面，有一座麻石嵌镶建造的六角凉亭，叫雪浪亭。是清人李元度在清光绪十年时建成的。亭中有石桌、石凳。亭以涧水翻腾如雪浪而取名。

传说朱陵洞与衡阳石鼓山上的朱陵洞相通，在石鼓的为朱陵后洞，在南岳的为朱陵前洞。水源来自南岳紫盖峰顶，流经山洞，汇入6米余宽、深不可测的石洞。水满溢出，垂直下泻，形成瀑布，高60余米，宛如水帘悬挂九天，故名水帘洞。

每逢晴日当空，水帘上面，飞虹耀目，五彩缤纷，蔚为奇观。唐、宋、明、清各个朝代，都有不少诗人名家为之题刻赋诗。石刻有宋代的"南岳朱陵洞天"、明代的"天下第一泉"、清代的"夏雪晴雷""醉眠观瀑"。

芙蓉峰在岳庙后，峰峦俊秀，远处眺望，宛如芙蓉。峰上有毗庐洞，洞周围25千米，相传为禹王城。峰上飞流如绢，掩映青林，直挂山下。峰上还有见方的讲经石，上镌"天下太平"4字。

石廪峰在岳庙西南，形如

衡山玄都观

仓廪，一开一盖，开则岁俭，盖则岁丰。上有风穴雷池诵经坛，传说为陈真人炼丹台遗址。峰下有仙人石室，过者常闻吟诵之声。

云密峰在岳庙后面，上有禹王碑刻蝌蚪文，禹碑下有石坛，坛下流水潺潺。峰北有仙灯岩，每遇黑夜，就有火光闪闪，还有禹岩、桃花源等古迹，峰下有云封寺、云密寺等。紫云峰在岳庙后西北，下有文定、甘泉、白沙等书院，有衡岳寺、长寿庵等遗址，是唐高僧懒残大师、惠日和尚住过的地方。

■ 衡山仙女雕像

桃花源 东晋诗人陶渊明写了一篇文章《桃花源记》。文中说，武陵这个地方有一个渔夫，沿着一条小溪航行，忽然看到山中有一个缺口，他从这口里走进去，发现了另外一个世界。在这个世界里，土地平旷，房屋整齐，人们生活古朴而富裕，自称祖先是为了逃避秦时的战乱，逃进桃花源来生活。

集贤峰在岳庙后，峰下有黄庭观、飞仙石，相传是南岳魏夫人升仙处。石上圆润，下面尖削，寄托于他石之上，一手可以推动，人多反而推不动。峰下有白龙潭古迹和集贤书院，为李泌、张九龄旧游地。

烟霞峰在岳庙后的南天门右后。峰下有懒残岩、烂柯岩、净瓶岩、凌霄坛、高明台等古迹。凌霄坛有宋人石刻：

乾坤天地，名山大川，上下四维，有感明人。

高明台有李泌手书"极高明"3字和韩愈的诗句

石刻，笔力刚劲：

邺侯藏多书，插架三万轴。

掷钵峰在岳庙后的磨镜台上，原有东廓、南轩书院。寺有福严、南台。

福严寺有唐太宗御书梵经50多卷，楚云上人刺血写的《妙法莲花经》一部，清乾隆皇帝藏书，现均无存。还有讲经台、三生塔、隐身岩、福严洞等古迹。峰以惠思应召去京掷钵的传说而得名。

莲花峰在岳庙西20千米，状如莲花。方广寺建于"莲花心"中，寺内有慧思、海印和尚的补衲台、洗衲池，寺前有飞来钟悬于白果树上。寺内有宋徽宗赵佶题"天下名山"匾额挂在佛殿，后移至半山亭。

金简峰在岳庙左，右有大禹岩、黄帝岩、金简台等古迹。光明台有珊瑚灵芝，每到深夜，有灵光如烛，相传是大禹求金简玉书处。峰上有石刻：

黑沙之水，知乳甘泉，人得一喝，地久天长。

■ 衡山"磨镜台"石刻

■ 衡山古建筑一角

黄帝岩上有宋徽宗赵佶题"寿岳"石刻。

安上峰在岳庙西4里许。其上有舜庙、舜洞、舜溪、舜井。峰多巉岩，山里人叫尖垒。石岩上有游人题诗：

月宫曾折桂，遗影玉蟾边，
人既收仙籍，岩应系洞天，
有名终不古，无物胜长年，
妙得琴中趣，此声非指传。

巾紫峰在衡山县城后，上有紫金台，台径1米。有相传为大禹祭舜处和王十八菜园等古迹。静谷有二石层叠，是王十八打坐处所，北山有石洞，是他去南岳路径。

朱明峰在岳庙后面，峰下有洞，相传为邝仙修炼

> **希迁**（700年～790年），石头希迁禅师，唐代禅僧。俗姓陈，端州高要人。年轻时即沉毅果断，自信力强。他反对乡邑迷信神祠、定期杀牛酒酒的祭祀，每逢祀期，就前往毁祠夺牛，态度坚决。他的禅法总结于《参同契》中。

成仙之所。自从他进洞以后，不复再出，相传为南岳前洞。

狮子峰在岳庙后山，峰下有灵源，时闻石漱，冷气凛冽，而不见流水奔泻。

华盖峰在岳庙后，地产灵芝仙草，貌似华盖。

云龙峰在岳庙右下，有楼真观，为西晋青莲道士王谷神、皮文曜修仙之所，今诵经石犹存。

潜圣峰在岳庙西，相传唐高僧希迁游南岳，至方广寺访惠海不遇，一日见精舍号方广，遇尊者止宿，次日出会回顾，人宅俱不见，故以潜圣名峰。

妙高峰在潜圣峰右，中有平坦区，相传为惠海禅师诵经处。传说惠海每诵经即有五白衣长者听经，惠海询问，长者自称龙王所遣，愿献寺基，一夕莲花峰下拥沙成坪，遂建方广寺。

天台峰相传有智𫖮禅师拜经台、无缝塔、莲花池、酥酪泉、会仙桥等遗址。

文殊峰在岳庙北，相传唐宣宗太子慕道，在衡山高处西坡眺望，看见金色光环中有一弥陀僧，以为文殊现身，所以得名。

观音峰在西岭与方广寺之间。形势奇伟峻险，有新修盘山公路可至其上。峰上多奇花异草，春末夏初，是

太子 又称皇储、储君或皇太子，我国古代君主的儿子中被定为继承君位的人。周朝时天子及诸侯之嫡长子，或称太子，或称世子。汉以后，天子号称皇帝，故其嫡子称皇太子。太子的地位仅次于皇帝本人，并且拥有自己的、类似于朝廷的东宫。

■ 衡山寺庙内赵公明塑像

衡山寺庙一角

游览、观赏佳处。

祥光峰在岳庙西北,一名鹤鸣峰,中有灵田,相传夜里飞光如烛。山林古木、奇花、秀草甚多,地处幽谷,实为避暑胜地。

灵禽峰在岳庙西北,上有朝斗坛,相传唐薛幽栖于此。有灵鸟群飞,羽毛异色,红碧相间,声如笙篁,栖于峰上,所以得名。

驾鹤峰在岳庙东,上有驾鹤亭,相传为晋尹真人驾鹤飞升处,因此得名。

赤帝峰在岳庙后,古名炼玉峰,峰后有石刻,上有祝融氏墓。

朝日峰在岳庙左,一名朝阳峰,昔殷先生曾于此晒太阳取暖,所以得名。上有赫胥墓。

崱屴峰在岳庙后,一名侧刀峰,东有石室,惠东子修行于此。峰下有龙池,春夏有万蛙会于池,池沿有桧树、银杏各一棵,虬枝翠叶,饱厉风霜。

红花峰在岳庙西南,亦名石榴峰,有夕阳岩、夕阳溪。碧云峰在岳庙东,上有紫金台,云气浓如蓝黛。

九女峰在岳庙左西北，其状尖削秀丽，俗名土木岭，云开则雨，雾降则晴，当地山里人凭它以鉴晴雨。有九子岩，下即九仙观。

降真峰在岳庙后，其峰下产云母石。相传古时武阳洞人曾在这里遇到了仙人。据说仙人身上毫毛过寸，武阳洞人惊奇而走，仙人回答："我仙也。素服苍耳，二百余岁，教尔服之。"指示仙草之后，不复再现。

岣嵝峰距南岳25千米，在衡阳北乡。山势雄伟，树木苍古，奇花珍草，香味浓郁，中有禹王庙，庙侧有禹王碑，上有螺妃墓。前人以岣峨为南岳主峰，山上原有岣嵝、石鼓、廉溪书院等。

衡山72峰，峰峦叠翠，林壑深幽，各有特色。有的翠绿欲滴，郁郁葱葱；有的繁花似锦，四季飘香；有的掷雪飞花，泉水叮咚；有的神奇缥缈，云遮雾障；有的怪石嶙峋，嵯岈互异。

它们各以自身的挺拔俊秀、娇丽婀娜呈现在游人眼前，给人以境界清远深幽、胸怀开阔、风趣横生的美感。

衡山不仅具有宏观雄健的态势，而且雄中寓秀，刚中有柔。花岗岩山体的节理比较疏朗，加之垂直节理不太发育，因而衡山花岗岩的

衡山古建一角

衡山峰顶

风化多呈水平的层状剥蚀，形成浑圆的峰峦并覆盖着较厚的风化层。

峰峦的轮廓线条柔和，体态丰满，圆润的石景层层叠起宛若堆云。这里地处亚热带之南部，雨量充沛，气候温和，山上土层较厚，有利于植物生长。衡山植被覆盖率之高以及植物种属之多，均冠于五岳，而且季相特征明显，一年四季各臻其画意之妙。

山上终年烟云缭绕，溪涧潭泉遍布，又赋予南岳以仙山的灵气。仅泉眼就有24处，飞泉流溪，为衡山平添了山间水景之意趣。如像紫盖峰下的"水帘洞"，上覆谷地，下临绝壁，景色惊奇优美。

阅读链接

祥光峰古名鹤鸣峰，在南天门西，天柱峰北，海拔1145米。《衡州府志》：峰"有灵田，常有丹光现，如飞烛状，故名。"《总胜集》云："萧灵护窖丹于此。"此乃传说，实际上，为无数萤虫聚飞于此，远望如一缕缕游动的碧光，有时还可看到这里射出几支光柱，直冲星汉。

南岳四绝美景之一的"藏经殿之秀"即在此峰。殿在峰腹，附近有无碍林、古华居、梳妆台、允春亭、美人池、摇钱树、连理枝、同根生等诸多胜迹。殿后有棵近500年的白玉兰，树高数丈，每年春花似锦。殿前谷地生长着一片原始次森林，其中多稀奇动植物。

天地之中 中岳嵩山

中岳嵩山，位于河南登封市西北，它东西横卧，雄峙中原，群峰耸立，层峦叠嶂，风光秀丽，景色宜人。

嵩山的建筑群，规模宏大，气势雄伟，为我国现存规模最大、最古老的建筑群之一。北魏嵩岳寺塔，元代登封观星台，宋代四大书院之一的嵩阳书院以及将军柏和驰名中外的嵩山石碑等一起构成了嵩山"八景、十二胜"之盛观。

因山高镇守中原而得名

古老相传，天地万物，风雨雷电，都是由天上的玉帝掌管的。他叫天下雨，天就得下雨，他叫地生金，地就得生金。

有一天，天府巡官急步走进天宫，向玉帝禀报，说东方出了水兽，西方出了风妖，南方出了火魔，北方出了冷怪，闹得天下大乱，黎民不得安宁，请求玉帝快快发兵为民除害。

■ 嵩山"名山第一"牌坊

■ 嵩山古建一角

玉帝听罢，急忙把天将招到教场比武选将。谁的本领高，就派谁去降魔。天将们来到教场，经过一番比试，玉帝平日心爱的5个天将中，有4个选上了。

玉帝传下圣旨，命一个到东方去镇水兽，一个到西方去挡风妖，一个到南方降火魔，一个到北方伏冷怪。4员天将领旨，分别带领天兵离开天宫。

5个天将中，唯有一个名叫山高的没有选上。为什么呢？这个山高身体有些单薄，武功虽然也行，但不及其他4将。可是这位山高天将怀有满腹文才，能书善画，智足谋广。

山高看到其他4位天将下凡去了，便到灵霄宝殿向玉帝施礼说："陛下！下界东西南北四方，都有人把守了，陛下就不怕中原出事吗？倘若中原出了大事，东西南北四方把守再严，也是枉然啊！比如一个人残手废脚尚能活下去，若是心脏坏了，可就完啦！"

玉帝 即玉皇大帝，传说本名张百忍，全称"昊天金阙无上至尊自然妙有弥罗至真玉皇大帝"，又称"昊天通明宫玉皇大帝""玄穹高上玉皇大帝"，玉皇大帝除统领天、地、人三界神灵之外，还管理宇宙万物的兴隆衰败、吉凶祸福。他是道教中最大的神祇，为众神之皇。

玉帝听他一说,觉得山高说的也有道理,可是派谁挂帅去镇守中原呢,玉帝发了愁。山高一看,时机已到,便说:"末将情愿去镇守中原。"

玉帝知道他武艺不及那4个天将,迟迟没有说话。山高猜知玉帝的心思,就当面立下"军令状",玉帝这才勉强传旨,让山高天将下凡。

玉帝带着随从来到南天门,拨开云头向东看去,只见一员天将把斩兽宝剑挥了三挥,突然出现了一座大山立于海岸。张牙舞爪的水兽来到山跟前,"砰"的一声,撞得粉身碎骨,翻下海去。玉帝看罢,哈哈大笑,封这座山为"东岳泰山"。

■ 嵩山庙宇内石碑

军令状 原为戏曲和旧小说中所说的,接受军令后写的保证书,表示如果不能完成任务,愿依军法治罪。"军令状"是我国的一种传统文化。顾名思义,"军令状"的起源和军队行军作战有着密切的关系,其目的是加强指挥官的责任感,确保战斗的胜利。

他又拨开云头,向西望去,见一员天将把捆妖绳抢了三抢,突然出现一座大山站在那里。风妖呼呼来到它身边,撞得头破身软,败下阵去。玉帝看着拍手大笑,封这座山为"西岳华山"。

接着,他拨开云头看南方,见一员天将把劈魔铜挠了三挠,突然出现一座大山站在那里。火魔扑来,浑身发抖,掉头就逃。玉帝高兴地封这座山为"南岳衡山"。

他又转过头来看北方,见一员天将,用长矛刺了三刺，突然出现一座大山。冷怪嗖嗖飞来，看见大山毛骨悚然，缩身不敢动弹了。玉帝便封这座山为"北岳恒山"。

最后，玉帝拨开云头俯视中原，只见山高天将一手拿着天书，一手拿着镇世宝刀，把书和刀一上一下，端了三端，突然出现一座大山。又上下端了三端，山又分为两支。接着，两个山脊，慢慢出现72峰，有的像老翁，有的像白鹤，有的像青童，有的像玉女……山上山下，好似一卷美画，展现开来。

玉帝越看越高兴，可到封山的时候，他却发了愁，封什么呢？一个贴身随从悄悄地说："陛下，你看山高天将，长得与山一样俊美啊！"

玉帝灵机一动，"山"与"高"合在一起不是"嵩"字吗？于是封为"中岳嵩山"。

嵩山北依黄河，南绕颍水，层峦叠嶂，东西绵延百里，如果说黄河是中华民族的母亲河，那么嵩山便是峻极于天的父亲山。

远在旧石器时代，古人类就在嵩山一带繁衍生息，位于嵩山腹地的织机洞遗址，有大量的旧石器时代遗存和人类用火遗迹。新石器时代，

嵩山古建筑

这里是我国史前文化最为灿烂的地区之一，孕育了著名的裴李岗文化和大河村文化。

在夏朝建立以前，禹是舜帝臣下的一个部落酋长，居住在嵩山与箕山之间。因此，关于大禹治水的神话和传说是以嵩山为基础的。据《史记》记载：

禹之父曰鲧，鲧之父曰帝颛顼，颛顼之父曰昌意，昌意之父曰黄帝。

■ 嵩山寺庙龙纹雕刻

据说，上古时炎帝部落从西北迁入黄河中游后，曾长期居住在嵩山附近的伊水和洛水流域。其中一支以伯益为部落首领，以崇拜山岳为特征，号称四岳。

《庄子》写道："尧让天下，许由遂逃箕山，洗耳于颍水。"现在还有"挂瓢崖"和"洗耳泉"。

据说，许由在山泉之下正在喂牛饮水之际，大尧与之商谈禅天下，许由听说此事，马上把饮牛喝水的瓢挂在山崖上，把自己的耳朵用此水洗了洗，以示去其污秽之言，后来逃入深山林去了。这个事情，嵩山脚下童叟皆知。

据古书《竹书纪年》和《世本》记载：舜十五年命禹主祭嵩山，舜禅位禹后，禹居阳城，后来人们认为当时的阳城就是嵩山附近的阳城。夏代自禹至桀，

《庄子》又名《南华经》，是战国中期思想家庄周和他的门人以及后学所著。书分内、外、杂篇，所传33篇，内篇大体可代表战国时期庄子思想核心，而外、杂篇发展则纵横百余年，掺杂黄老、庄子后学，形成复杂的体系。

共传17王、14世，历432年，王都自阳城数迁，但均在嵩山周围。

殷周时，崇拜嵩山的有申、吕诸国，即四岳的后裔齐、吕、申、许4个姜姓国。

据《史记·周本纪》和《逸周书·作雒篇》中记载：周武王初灭商，曾计划建城邑于伊、洛，以近"天室"，定保天命。天室即古人认为能够沟通人与天神的嵩山太室。

后来周公在嵩山附近建造了洛邑，作为周朝的统治中心，西周灭亡后，洛邑遂成为东周都城。当时，嵩山如同关中终南山一样，是人们心目中的神山。

嵩山地区是夏、商、周三代的建都之地，立国中心。《史记·封禅书》中记载：

> 昔三代之居，皆在河洛之间，故嵩山为中岳。

那时，嵩山的名称叫作"外方"，夏商时则有了"崇高"的称呼。我国最早的一部国别体著作《国语·周语》中称禹之父鲧为"崇伯鲧"，"崇高"之名缘结于此。

《周礼·地官司徒》记载，周公为寻找天地之中营建东都，在嵩山脚下的阳城"以土圭之法，测土深，正日影，以求地中"。

后来的登封观星台的周公测景台，即从侧面反映了嵩山地区

嵩山寺庙一角

为"天地之中"的历史传承。

自古以来，嵩山就被认为是万山之祖和神仙居住之地，在"君权神授"的古代，嵩山就成为历代帝王接天通地、永固江山、昌盛国运的祭祀、封禅对象。

《史记·封禅书》中记载，黄帝就常到嵩山"与神会"。帝尧、虞舜、大禹都曾到此巡狩。

最迟在西周初年，嵩山已经成为人们祭祀的对象。武王在嵩山举行的封天祭地大典，开创了我国古代最盛大、最高等级的封禅礼制的先河。秦、汉之后，帝王祭祀嵩山连续不断。

后世人们统计，从周武王开始至清末，历史上有史可查的巡狩、祭祀、封禅嵩山的帝王就有68位。

嵩山以其地处京畿的优势位置、自然景观和人文景观的完美结合，成为中华文明最早、最重要的圣山之一。

阅读链接

黄帝到嵩山"与神会"，开创了祭祀嵩山的先河。之后，帝尧游于嵩山，帝舜制定5年一巡狩嵩山的制度，周穆王巡游太室山，周幽王会盟于太室山。

铸造于西周初年的《天亡簋》铭记载：周武王在灭商后"祀于天室"。公元前1046年，为了庆贺新王朝的诞生，周武王决定举行祭祀天神大典。

嵩山地区曾长期做过夏人和商人的王都，又处于天下之中，周武王认为高耸于天下之中的嵩岳，就是天神之室，他们受天命而克商夺取天下，应当礼拜高大的嵩山。

周武王在完成灭商大业后，便在太公望的陪同下，登上嵩山太室之巅，举行了盛大的封天祭地大典。这次在嵩山举行封禅和望祭山川的重大典礼，无异于周王朝的开国大典，开创了我国最盛大、最高等级封禅嵩山的先河。

弥足珍贵的中岳汉三阙

东周时周平王迁都到洛阳，定嵩山为"中岳"，五代以后称"中岳嵩山"。

秦、汉之后，帝王祭祀嵩山连续不断。公元前110年，汉武帝率18

嵩山之峭

寺庙及古树

万大军从长安出发东巡,到嵩山祭中岳。

汉武帝亲临太室山礼祭太室神祠,封太室山为嵩高山。后来,汉武帝再至中岳太室山,亲率群臣,礼登嵩顶。

据传,当武帝登山时,随从官员听到山间有呼"万岁"之声,又在山上建万岁亭,山下建万岁观,命名山峰为万岁峰,以应山呼之奇。

据说祭典完成后,汉武帝觉得意犹未尽,还想听听华夏先民的故事,就找大臣问话。这大臣小时候常听爷爷讲故事,于是活灵活现地给皇帝讲起了"启母石"的传说。

汉武帝一听,太感动了,大笔一挥,下旨为启母石建了一座庙。大臣也受了封赏,皆大欢喜。

这个传说还与大禹有关。《汉书·武帝记》颜注引《淮南子》中的记载:

禹治洪水,通轘辕山,化为熊,谓涂山氏曰:欲饷,闻鼓声乃来。

禹跳石,误中鼓。涂山氏往,见禹方作熊,惭而去。至嵩高山下,化为石,方生启。

禹曰:归我子!石破北方而启生。

那时候,洪水横流。为了使人民安居乐业,大禹治水跑遍了九州四野。在嵩山南面，西自龙门，东到禹县，有一条大河叫颍河，颍河一泛滥，两岸就变成一片汪洋，什么庄稼也不能生长。

大禹为了把洪水排出去，就在登封县西北的䥱岭口一带，凿山治水。他打算把嵩山南面的洪水引进北面的洛河，然后再让它流到黄河里去。禹的妻子叫涂山娇，涂山是夏的邻邦，位于安徽寿县一带。夫妻俩一起到嵩山治水。

这一天，大禹来到䥱岭口附近一看，这里山势险峻，凿通䥱岭口工程很大。他为了很快开通河道，在凿山时，就变成一只巨大的黑熊。大禹每天忙着开山凿石，没工夫回家，也顾不上吃饭，就叫妻子涂山娇给他送饭。

大禹为了不让妻子知道自己变熊的事，就跟妻子约定：只要她听见敲鼓的声音就去给他送饭。涂山氏就按照他的嘱咐办事。每天，当她听到咚咚的鼓声时，就赶快撑着木筏子，把饭给大禹送到开山的工地上去。这样，夫妻两人虽说都很辛苦劳累，但心里很快活。

有一天，大禹在山坡上行走的时候一不留心，脚下踩动的几块石头从山上滚下来刚好掉在鼓面上，发出了咚咚的响声。大禹因为忙，走得急，也没在意，只管上山去了。

涂山娇一听到鼓声，心里纳闷，今天丈夫为什么吃饭早了呢？大概是特别累，饿得也快了吧！于是，她就赶紧把饭做好，急急忙忙撑着木筏子给大禹送饭去了。

大禹雕像

■ 衡山嵩阳书院大禹塑像

铭文 又称金文、钟鼎文，指铸刻在青铜器物上的文字，与甲骨文同样是我国的一种古老文字，是华夏文明的瑰宝。古人往往将国家或宗族的大事铭刻其上，这就是铭文，后来延伸成为古人在青铜礼器上加铸铭文以记铸造该器的缘由、所纪念或祭祀的人物的文章等。

谁知道，当她来到山坡前，左等右等，也不见大禹回来，就往山上爬去。她来到山上往下一看，只见有一头大黑熊，正在山下用力凿石推土，开挖河道。

它伸出两条巨臂，用力朝山岩上一推，只听轰隆一声响，山石塌下了一大片，倒在水里，溅起几丈高的浪花。大黑熊这才直起腰来，看看新开出来的山口，乐得眉开眼笑。

涂山娇一见，大吃一惊，心想：自己的丈夫大禹，怎么是一只大黑熊呀！平时自己为什么没有发现呢？一时间，她不知道怎么办才好，就提起饭篮赶快往家跑。一路上，她又羞又急又气。当她快到家门口时，心里一阵难过，往那里一站，就变成了一块石头。

再说大禹，晌午时来到大鼓跟前，敲起鼓来。可是，他敲敲，等等，等等，敲敲，好久也不见妻子送饭来。他想，一定是出了事，就赶紧往家走。

大禹回到家里后，里里外外找不着妻子的影子，只见家门口的山坡上，多了一块巨大的岩石，旁边还放着饭篮子。大禹这才明白：原来妻子早已经变成岩石了。

这时，大禹后悔不该把自己变熊的事儿瞒着妻子。他又想：妻子已经怀孕很久了。这一来，咋办呢？我没有儿子，谁继承我的治水大业呢？想到这里,他就急匆匆地走到巨石前面,大声喊道:"孩子他娘啊!你就这样离开我了吗?你要把儿子交给我呀!"

突然,轰隆一声响,这块巨大的岩石裂开了,跳出一个孩子。大禹急忙把儿子抱了起来。后来,大禹给他起名字叫"启"。所以,那块巨石就叫"启母石"。

涂山娇死后,其妹涂山姚嫁给了禹,并负责照顾启,后人就把涂山娇住过的山叫太室山,涂山姚住过的山叫少室山。后来,人们分别在太室山和少室山修建了启母庙和少姨庙纪念她们。

在离"启母石"不远的地方,还立着两根由大块方石头垒成的门柱,上边刻着打猎、农耕的浮雕画。这就是当时大禹的家门口,后人叫"启母阙"。

启母阙阙身用长方形石块垒砌而成,上面有长篇小篆铭文。阙的下部是东汉嘉平四年中郎将堂溪典所书《请雨铭》。

启母阙阙身的四周雕刻有宴饮、车马出行、马戏、蹴鞠、驯象、斗鸡、猎兔、虎逐鹿,以及"大禹化熊""郭巨埋儿"等历史故事画像60余幅,其中的蹴鞠图,刻画有一个头挽高髻的女子,双足跳起,正在踢球,舞动的长袖轻盈飘扬,女子两旁各站立一人,击鼓伴奏,展现了汉

嵩山启母阙

代蹴鞠运动的真实场面。

除了古老的启母阙，还有嵩山太室山的太室阙、少室山的少室阙，它们一起被称为"中岳汉三阙"，具有悠久的历史。

阙是一种装饰性门观，它是尊贵的符号，是华表的前身。阙由浅浮雕青石垒砌而成，顶部仿屋檐，称为"四阿顶"。每座阙分正阙和子阙，两者连为一体，只是子阙要矮正阙一截。

太室阙分东西两阙，分布在中岳庙门前500米的中轴线两侧，阙门间距6.7米，东阙高3.9米，西阙高3.9米。两阙的结构完全相同，由阙基、阙身和阙顶三部分组成。

每阙又分正阙和子阙，正阙和子阙阙身连成一体，从立面看正阙高，子阙低，正阙在内，子阙在外。阙身的石面除了镌刻有铭文外，其余都是以石块为单位雕刻画像。

阙身用长方形石块垒砌而成，共8层，阙的上部用巨石雕砌成四阿顶，南面刻有"中岳太室阳城"6个篆字。阙身四面用平雕的雕刻方法刻出了人物、车马出行、马戏、剑舞以及动物等画像50余幅，再现了汉代朝廷的生活场面。

少室阙是汉代少室山庙的神道阙，在登封少室山下。少室阙阙上有铭文，叙述了大禹在治理洪水时"三过家门而不入"的故事。

阅读链接

关于启母石，在民间还有这样一个传说。

相传，大禹娶了涂山氏女之后的第四天，就离别新婚的妻子治水去了，这一别，就是整整13年，在这期间，大禹一次也没有回过家园。

涂山氏女想念丈夫，每天都引颈南眺，盼望丈夫归来。但是，望穿秋水，也不见大禹归来的身影。由于朝思暮想，精诚所至，终于化而为石，端坐于昔日与禹幽会之所。